1
范仲淹和他的朋友们

# 哈哈哈！如果大宋词人有朋友圈

诗意文化 编

魏无忌 叶寒 著

江苏凤凰文艺出版社
JIANGSU PHOENIX LITERATURE AND
ART PUBLISHING

《哈哈哈！如果大宋词人有朋友圈·范仲淹和他的朋友们》署名

**诗意文化内容创作团队**

总　　编：魏无忌

主　　编：葛发树

主　　笔：魏无忌　直男哥　叶　寒　聂隐娘

　　　　　胡子雯　邓　仙

编　　委：胡长虹　杨　强

## 第四章
## 晏殊晏几道：词坛父子兵，宰相与浪子　119

# 宋词是怎样炼成的？

前言篇

在《笑死了！刷了1400年的大唐诗人朋友圈》一书中，我们给各位小伙伴讲解了"唐诗是怎样炼成的"，大家都还没忘吧？忘了的小伙伴，自觉去蹲墙角哟！

学完了唐诗，就该轮到宋词了。

我们先纠正大家一个错误的概念——"诗与词是截然分开的"。

事实上，就其性质而言，词是歌辞，是广义上的诗歌的一种。

那么词与诗相比，究竟又有哪些不同，使得词之所以为"词"呢？

## 1.句式字数上

诗，一般为四句或八句，每句字数相同。

词，根据不同词牌，句式和字数都不相同。

## 2.题材内容上

"诗言志"：诗的题材比较广，多写家国大事、民生疾苦、个人抱负，注重表达思想内涵。

词在最初，一直是婉约派（柳永、张先、晏殊、晏几道、欧阳修等为代表）占据主流，以写情为主。由苏轼开始，并经辛弃疾接棒，豪放的词风被开启，词的题材范围也变得开阔起来，加入了家国情怀。

"词言情"：词的题材相对狭窄，多写生活小事、相思离别、男女爱情，侧重抒发个人情怀。

## 3.风格意境上

诗庄词媚，诗的情感表达更加庄重，词的情感表达偏于妩媚。

诗显词隐，诗的情感表达更加显豁明朗，词的情感表达偏于含蓄蕴藉。

诗刚词柔，诗的情感表达更加刚劲明快，词的情感表达偏于柔婉细腻。

诗之境阔，词之言长，诗的境界更加开阔，词的境界更加深远。

接下来，我们来聊一聊"词"的起源。

很久很久以前，我们的祖辈在劳动的时候发现了一个惊天秘密：喊着劳动号子来干活，越干越有劲！

下雨天，音乐和干活儿更配哟

## 知 识 点

《淮南子·道应训》中记载，"今夫举大木者，前呼邪许（yé hǔ），后亦应之。此举重劝力之歌也"。

这种"邪许"的呼声，就是歌唱的前身了，它本身是没有具体意义的。而当人们在这种呼声中加入简单的语言后，就形成了简单的诗歌。比如这首淳朴的上古民谣《击壤歌》：

日出而作，日入而息。凿井而饮，耕田而食。帝力于我何有哉？

中国歌曲之祖

以上，说明了什么呢？

小诗妹

中国的"诗歌"，其实是由两部分组成的，这便是"诗"和"歌"。简单点说，中国的诗歌，一开始就是被唱出来的。

从此，"诗"与"歌"就开启了绵延数千年"相爱相杀"的跌宕历程。诗经，共有诗歌305篇，几乎都可以配乐歌唱。

## 知 识 点

《墨子·公孟》："诵诗三百，弦诗三百，歌诗三百，舞诗三百。"也就是说，《诗经》三百余篇，都可以用乐器演奏、歌唱、伴舞。

楚辞，搭配的则是战国时代兴起的楚国民歌——楚声。

汉乐府。秦朝时设立了专门的音乐机构"乐府"，集六国音乐之大成。到汉王朝时，以乐府为代表的汉代音乐取得了更大的进步。

时间来到隋唐时期，一个"大一统"的时代，中国历史迎来了一

让我们一起欢快一起摇摆，回到属于我们的时代

个空前的时期——宗教、文化、艺术大交流，大融合。

"胡乐""胡服""胡舞""胡酒"，都成为长安流行的风尚。音乐，尤其成为唐人不可缺少的娱乐享受。箜篌、琵琶等西域乐器的传入，更是丰富了传统的中原音乐。

以清商乐为主的中原本土音乐，与以龟兹（qiū cí）乐为主的西域胡乐，一经"合体"，立时风靡了整个大唐。它们为自己取了一个新的名字——"燕乐"（yàn yuè），也称"宴乐"。

> 云想衣裳花想容，春风拂槛露华浓。

但紧接着，问题就来了。

我们听一首歌，会有作曲家，还会有作词家，词和曲搭配无间，

才是一首好歌。

而在最初，被燕乐绑定的小伙伴，叫作"诗"。

为了满足广大市民的听歌需求，乐师和歌女们会将民间流行的小曲，和当时一些有名的诗歌结合起来，形成新的歌曲，广为传唱。

歌唱界黄金铁三角

比如广为流传的"旗亭画壁"的故事，这个故事，很能说明当时将唐诗配乐歌唱的风尚。

咱们三兄弟都是著名的诗坛大家，难分胜负。不如我们今天来比一比，谁的诗被唱得多，谁就最厉害！

这是我的《芙蓉楼送辛渐》。

寒雨连江夜入吴，平明送客楚山孤。洛阳亲友如相问，一片冰心在玉壶。

这是我的《哭单父梁九少府》。

开箧泪沾臆，见君前日书。夜台今寂寞，独是子云居。

奉帚平明金殿开，且将团扇共徘徊。玉颜不及寒鸦色，犹带昭阳日影来。

这是我的《长信秋词》。看来我要赢了！

你俩看着，如果这个最有气质的歌女唱的不是我的诗，我从此把"王"姓倒着写。

除了上面的几位，王维、李益、李贺、元稹、白居易等也都是当时炙手可热的作诗大家，拥有无数迷弟迷妹。

但接着，问题又出来了。

随着燕乐的不断发展，曲调节奏都越来越复杂。而为了适应这样一种格式，原有的诗句就必须进行变动，比如破句、重叠，加入和声、泛声等，才能和长短不齐的曲拍相和。

### 知 识 点

《蔡宽夫诗话》云："大抵唐人歌曲，本不随声为长短句，多是五言或七言诗，歌者取其辞与和声相叠成音耳。"

我们以王维的《渭城曲》（《阳关三叠》）为例。

原诗是这样的：

渭城朝雨浥轻尘，客舍青青柳色新。

劝君更尽一杯酒，西出阳关无故人。

而当它被演唱出来的时候是这样的：

　　渭城朝雨浥轻尘，客舍青青柳色新，柳色新。

　　劝君更尽一杯酒，一杯酒，劝君更尽一杯酒。

　　西出阳关无故人，无故人，西出阳关无故人。

　　（《魏氏乐谱》）

或者这样的：

　　清和节当春，渭城朝雨浥轻尘，客舍青青柳色新。

　　劝君更尽一杯酒，西出阳关无故人。

　　霜夜与霜晨。遄行，遄行，长途越渡关津，惆怅役此身。

　　历苦辛，历苦辛，历历苦辛，宜自珍，宜自珍。

　　（清代人张鹤 1864 年所编《琴学入门》传谱，是目前最流行的《阳关三叠》谱法）

　　大家看这两种谱法，是不是有些熟悉？这或长或短的句式，不正是词的独特之处？

　　这又说明了什么呢？

　　敲小黑板，小诗妹讲解时间到！

小诗妹

随着燕乐的发展，唐诗已经无法很好地配合对方了，于是两人"和平分手"，燕乐决定去寻找一个更默契的搭档，这便是"词"。

词的出现，代表着诗与音乐的关系开始逐渐疏离，诗向纯粹的"文人诗"方向发展；而词则取代诗，成为新一代音乐文学的掌门人。

自从有了你，世界变得好美丽

词的创作，最初是从民间开始的。

比如现存的敦煌曲子词，大多都是民间创作，自然朴实，具有浓厚的生活气息。

佚名作品《定风波》

攻书学剑能几何，争如沙塞骋偻啰？手执绿沉枪似铁，明月，龙泉三尺斩新磨。

堪羡昔时军伍，谩夸儒士德能多。四塞忽闻狼烟起，问儒士，谁人敢去定风波。

到了中晚唐时期，文人们也开始大力创作燕乐歌辞（词的雏形），这便是"曲子词"。如：

张志和的《渔歌子》

西塞山前白鹭飞，桃花流水鳜鱼肥。

青箬笠，绿蓑衣，斜风细雨不须归。

白居易的《忆江南》

江南好，风景旧曾谙。

日出江花红胜火，春来江水绿如蓝，能不忆江南。

刘禹锡的《忆江南》

春去也，多谢洛城人。

弱柳从风疑举袂，丛兰裛露似沾巾。独坐亦含嚬。

接下来重磅出场的这位，可谓晚唐文人中致力于倚声填词的第一人。

他就是有"温八叉"之称的温庭筠。

## 知识点

倚声填词：曲子创作的一种形式。

曲子创作有两种不同形式：一种是"由曲定词"，也就是按照已有的曲调，来填上新词，也叫"填词""倚声填词"；另一种叫"依词配乐"，也就是根据新的歌词，来创作新的曲调，又叫作"自度曲"。

后来，曲子的不同曲调被分别固定了下来，这便形成了如今的"曲牌"，如《朝天子》《后庭花》《东瓯令》等。

词的不同格式也分别固定了下来，这便形成了如今的"词牌"，如《浣溪沙》《鹧鸪天》《菩萨蛮》等。

总的来说，"倚声填词"的燕乐歌辞，是词这一文学体裁的源头。

花间鼻祖

温庭筠的出现，不仅标志着文人词的成熟，还造就了一个以温庭筠为鼻祖，包括皇甫松、韦庄、薛昭蕴等词人的流派，后世称"花间词人"，又叫"西蜀词人"，他们的作品被收录在《花间集》中。

而在富庶的长江中下游地区，以冯延巳、李璟、李煜为代表的"最强君臣词人创作组合"也闪亮登上了歌唱界的舞台。

尤其是"一代词宗"李煜的出现，直接奠定了此后词风嬗变的基本轨迹，北宋的晏殊、欧阳修、张先、晏几道等人均曾受其影响。

### 知识点

王国维《人间词话》："词至李后主而眼界始大，感慨遂深，遂变伶工之词而为士大夫之词。"

词的起源和萌芽，到这里我们就讲完了。接下来由小诗妹给大家总结一下重点，都是干货！都是干货！都是干货！（重要的事情说三遍。）

小诗妹

1. 词是歌辞，是广义上的诗歌的一种。

2. 词的音乐来源：中原音乐、南方音乐和西域音乐相互交融形成的燕乐。

3. 词最初来自民间。

4. "倚声填词"的燕乐歌辞，是词这一文学体裁的源头。

大家都听懂了的话，接下来，我们就来讲讲另一个有趣的话题——词的发展和繁荣，又叫"宋词是怎样炼成的"。

公元 960 年，中国历史进入一个崭新的朝代——大宋。

而中国文学史上与"唐诗"比肩的"宋词"也闪亮登场。

一些小伙伴可能会有疑问了：

为啥不是"唐词"，不是"元词"，不是"明词""清词"，而偏偏是"宋词"脱颖而出呢？

这就有了我们的第一个问题：大宋这片土壤里，究竟藏着哪些有助于"词"这颗小芽生长的营养成分呢？

来，左边跟我一起写首词，在你右边，再写一首词……

寒蝉凄切，对长亭晚，骤雨初歇。

君王的提倡，形成从上到下的创作热潮　　　　经济的繁荣发展，让瓦肆勾栏遍地出现

音乐机构大晟府的设立，使得音乐文化高度发展　　词这种文体，自身也在迅速发展

俗话说：每一个成功者的背后，都有一个默默付出的人。

那么接下来，我们就来说说"宋词"背后默默付出的人吧！

晏殊
太平宰相
富贵闲人

一向年光有限身，等闲离别易销魂。

酒筵歌席莫辞频。

满目山河空念远，落花风雨更伤春。

不如怜取眼前人。

——《浣溪沙》

庭院深深深几许，杨柳堆烟，帘幕无重数。

玉勒雕鞍游冶处，楼高不见章台路。

雨横风狂三月暮，门掩黄昏，无计留春住。

泪眼问花花不语，乱红飞过秋千去。

——《蝶恋花》

（也有人说这首词是南唐词人冯延巳所作）

千古一醉翁
欧阳修

张先
张三影

《水调》数声持酒听，午醉醒来愁未
醒。送春春去几时回？临晚镜，伤
流景，往事后期空记省。
沙上并禽池上暝，云破月来花弄影。
重重帘幕密遮灯，风不定，人初静，
明日落红应满径。

——《天仙子》

梦后楼台高锁，酒醒帘幕低垂。
去年春恨却来时。落花人独立，微雨燕双飞。
记得小苹初见，两重心字罗衣。
琵琶弦上说相思。当时明月在，曾照彩云归。

——《临江仙》

一生唯爱小令
晏几道

黄金榜上，偶失龙头望。
明代暂遗贤，如何向。
未遂风云便，争不恣狂荡。
何须论得丧？
才子词人，自是白衣卿相。
烟花巷陌，依约丹青屏障。
幸有意中人，堪寻访。
且恁偎红倚翠，风流事，平生畅。

青春都一饷。
忍把浮名，换了浅斟低唱！

——《鹤冲天》

慢词时代
开创者
柳永

北宋「斜杠青年」
范仲淹

塞下秋来风景异，衡阳雁去无留意。
四面边声连角起。千嶂里，长烟落日孤城闭。
浊酒一杯家万里，燕然未勒归无计。
羌管悠悠霜满地。人不寐，将军白发征夫泪。

——《渔家傲》

莫听穿林打叶声，何妨吟啸且徐行。
竹杖芒鞋轻胜马，谁怕？
一蓑烟雨任平生。
料峭春风吹酒醒，微冷，山头斜照却相迎。
回首向来萧瑟处，归去，也无风雨也无晴。

——《定风波》

豪放派鼻祖
苏轼

忧郁文艺范儿
秦观

雾失楼台，月迷津渡，桃源望断无寻处。
可堪孤馆闭春寒，杜鹃声里斜阳暮。
驿寄梅花，鱼传尺素，砌成此恨无重数。
郴江幸自绕郴山，为谁流下潇湘去？

——《踏莎行》

贺铸

没有好看的皮囊，可我的灵魂足够有趣

凌波不过横塘路，但目送、芳尘去。
锦瑟华年谁与度？
月桥花院，琐窗朱户，只有春知处。
飞云冉冉蘅皋暮，彩笔新题断肠句。
试问闲愁都几许？
一川烟草，满城风絮，梅子黄时雨。

——《青玉案》

周邦彦

词坛巨擘，清真词风

燎沉香，消溽暑。鸟雀呼晴，侵晓窥檐语。
叶上初阳干宿雨，水面清圆，一一风荷举。
故乡遥，何日去？
家住吴门，久作长安旅。
五月渔郎相忆否？
小楫轻舟，梦入芙蓉浦。

——《苏幕遮》

寻寻觅觅，冷冷清清，凄凄惨惨戚戚。乍暖还寒时候，最难将息。三杯两盏淡酒，怎敌他、晚来风急？雁过也，正伤心，却是旧时相识。满地黄花堆积。憔悴损，如今有谁堪摘？守着窗儿，独自怎生得黑？梧桐更兼细雨，到黄昏、点点滴滴。这次第，怎一个愁字了得！

——《声声慢》

千古第一女词人

李清照

辛弃疾
词中之龙

醉里挑灯看剑，梦回吹角连营。八百里分麾下炙，
五十弦翻塞外声，沙场秋点兵。
马作的卢飞快，弓如霹雳弦惊。
了却君王天下事，赢得生前身后名。可怜白发生！
——《破阵子》

陆游
真正男子汉

当年万里觅封侯，匹马戍梁州。
关河梦断何处？尘暗旧貂裘。
胡未灭，鬓先秋，泪空流。
此生谁料，心在天山，身老沧洲。
——《诉衷情》

姜夔
野云孤飞，去留无迹

燕燕轻盈，莺莺娇软，
分明又向华胥见。
夜长争得薄情知？春初早被相思染。
别后书辞，别时针线，
离魂暗逐郎行远。淮南皓月冷千山，
冥冥归去无人管。
——《踏莎行》

吴文英
诗家李商隐

听风听雨过清明，愁草瘗花铭。
楼前绿暗分携路，一丝柳、一寸柔情。
料峭春寒中酒，交加晓梦啼莺。
西园日日扫林亭，依旧赏新晴。
黄蜂频扑秋千索，有当时、纤手香凝。
惆怅双鸳不到，幽阶一夜苔生。

——《风入松》

此外，还有黄庭坚、晁补之、朱敦儒、张元干、叶梦得、张孝祥、陈亮、岳飞、文天祥、张炎、蒋捷、周密……

愿你翻开这本书，看到的不是一个个浮于表面的字句，而是邂逅一颗颗无比有趣的心灵。

我们与古人间，其实相隔并不遥远，只是一首诗、一阕词或者仅仅一个朋友圈的距离。

嘿，要来词人的朋友圈点个赞吗?!

# 前传篇

# 如果花间派词人在一个群里

# 开篇语

在前言里，我们为大家讲述了宋词的流变过程，其中提到了一个很重要的流派——花间派。

花间派产生于晚唐五代时期的前蜀，是中国古代诗词学流派之一。"花间派"这个名字来自后蜀赵崇祚所编的词集《花间集》，共收录了温庭筠、韦庄等18个人的词作，共计500首词。

词的作者大多是蜀人，词风相近，内容多为歌咏旅愁闺怨、合欢离恨，局限于男女之情，因此被称为"花间词派"。

长久以来，由于《花间集》的作品主题过于私人化，写的大多是闺中妇女日常生活的情态，它的文学价值和美学价值一直被低估。

但是随着文化的开放，人们的审美需求开始多元化，《花间集》的价值逐渐被更多人发现和肯定。比如国学大师王国维就曾将花间派重要词人温庭筠、韦庄与李煜并列："温飞卿之词，句秀也。韦端己之词，骨秀也。李重光之词，神秀也。"

叶嘉莹先生也曾评价："词有了它特殊的美，是从《花间集》开始的。"

《花间集》收录了当时传唱度最高，同时也最具文学价值和美学价值的作品，淘汰了很多低俗之作，把词从"俗"往"雅"的方向上引导，并开启了宋词的繁荣局面。

所以，要追溯宋词发展的根源，就必须追到蜀中的花间派，这是"倚声填词之祖"，在词史上占有十分重要的地位。我们读词，也要从《花间集》开始。

这一章，小诗妹带大家到花间派词人微信群看一看。

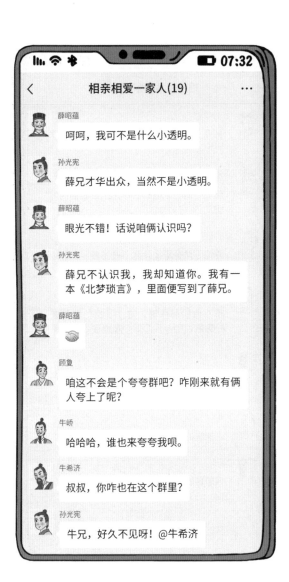

**相亲相爱一家人(19)**

薛昭蕴
呵呵，我可不是什么小透明。

孙光宪
薛兄才华出众，当然不是小透明。

薛昭蕴
眼光不错！话说咱俩认识吗？

孙光宪
薛兄不认识我，我却知道你。我有一本《北梦琐言》，里面便写到了薛兄。

薛昭蕴
🤝

顾敻
咱这不会是个夸夸群吧？咋刚来就有俩人夸上了呢？

牛峤
哈哈哈，谁也来夸夸我呗。

牛希济
叔叔，你咋也在这个群里？

孙光宪
牛兄，好久不见呀！@牛希济

毛文锡

孙兄，咱俩不也好久不见，你咋就忘了我？

孙光宪

那哪儿能呀，咱们仨都是相亲相爱的好朋友。

鹿虔扆

你怕不是有那个什么"社牛症"？@孙光宪

阎选

咦？你们都在呀，咱"五鬼"可就差一鬼韩琮啦@欧阳炯@鹿虔扆@毛文锡

韦庄

啥"五鬼"呀？我在蜀国可从没听过这个流派。

和凝

人家说的是后蜀。

韦庄

啥前蜀后蜀的，蜀国还分前后？

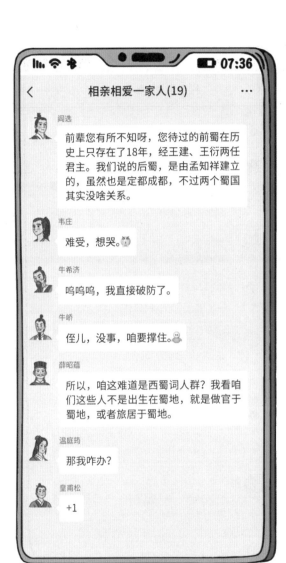

**阎选**

前辈您有所不知呀，您待过的前蜀在历史上只存在了18年，经王建、王衍两任君主。我们说的后蜀，是由孟知祥建立的，虽然也是定都成都，不过两个蜀国其实没啥关系。

**韦庄**

难受，想哭。

**牛希济**

呜呜呜，我直接破防了。

**牛峤**

侄儿，没事，咱要撑住。

**薛昭蕴**

所以，咱这难道是西蜀词人群？我看咱们这些人不是出生在蜀地，就是做官于蜀地，或者旅居于蜀地。

**温庭筠**

那我咋办？

**皇甫松**

+1

前传篇 如果花间派词人在一个群里

027

**相亲相爱一家人(20)**

和凝
+1 咱们三个成了"蜀外人"。🍎

小诗妹
大家好呀，哈哈哈，我来晚了。欢迎来到我们的花间派词人群，吐槽、表白、切磋都可以哟！

鹿虔扆
花间派词人群？

阎选
一头雾水，咱啥时候有这名号了？

毛熙震
不过这个名字还挺好听的。

赵崇祚 通过扫描"小诗妹"分享的二维码加入群聊

小诗妹
这个大家就得问问新来的这位小伙伴了。@赵崇祚

赵崇祚
大家好呀，我叫赵崇祚，字宏基，大家可以叫我小赵。

温庭筠

所以小赵同志,咱"花间派词人"这个名字到底咋来的?

赵崇祚

大家别着急呀,其实呢,我是一个狂热的诗词爱好者,很喜欢大家写的词,便编撰了一本词集,名叫《花间集》。收录了在座18位小伙伴共计500首词。没想到呀,这本书一出版,数次售罄,引发词坛轰动,大家"花间派词人"这个名号也就由此而来了。

阎选

那个……弱弱地插一句,这本书卖得这么好,是不是该给身为作者的我们一点稿费呀?

李珣

同意! 阎兄这个重点画得深得我心。

阎选

唉,没办法,乱世嘛,吃喝最重要。

薛昭蕴

两位公然索要稿费,实在有点拉低咱们花间派词人的档次呀。

前传篇 如果花间派词人在一个群里

029

< **相亲相爱一家人(20)** ···

阎选

在座各位不是宰相，就是侍郎、起居郎、大学士、秘书监什么的。我只是区区一介布衣，要吃饭啊。

李珣

同意，不知他人苦，莫劝人大度。

赵崇祚

大家别吵了，稿费我都会付给大家的，咱不差钱。

阎选

呜呜呜，着实羡慕了。

小诗妹

呜呜呜，小诗妹也忍不住要羡慕了，啥时候我也能自信地说出"不差钱"这三个字呢？

温庭筠

哈哈哈，抱抱小诗妹，会有那一天的。

小诗妹

谢谢温大词人。🖤

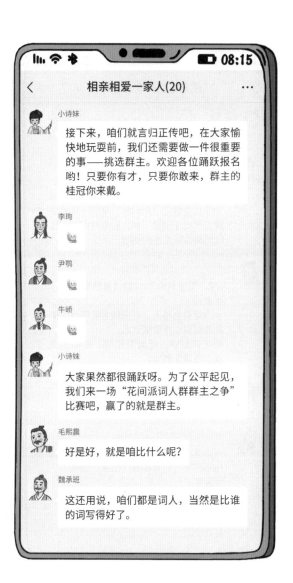

**相亲相爱一家人(20)**

小诗妹
接下来，咱们就言归正传吧，在大家愉快地玩耍前，我们还需要做一件很重要的事——挑选群主。欢迎各位踊跃报名哟！只要你有才，只要你敢来，群主的桂冠你来戴。

李珣

尹鹗

牛峤

小诗妹
大家果然都很踊跃呀。为了公平起见，我们来一场"花间派词人群群主之争"比赛吧，赢了的就是群主。

毛熙震
好是好，就是咱比什么呢？

魏承班
这还用说，咱们都是词人，当然是比谁的词写得好了。

**鹿虔扆**

关键是这个"好"的标准是啥？

**赵崇祚**

照我说呀，在座各位都是花间派词人，"花间"二字的由来，便是大家的词写的多是女性。《花间集》堪称一本"晚唐五代女子图鉴"啊。要不我们就来比比谁最会写女性的美吧。

**温庭筠**

OK，那我先来，一首《菩萨蛮》送给大家。
小山重叠金明灭，鬓云欲度香腮雪。懒起画蛾眉，弄妆梳洗迟。
照花前后镜，花面交相映。新帖绣罗襦，双双金鹧鸪。

**李珣**

不愧是咱花间派鼻祖，写得太好了。

**牛希济**

一位雍容美丽的贵族女性形象，被飞卿兄你寥寥几句就描摹了出来，这笔力，厉害了。

**韦庄**

飞卿兄确实厉害，我也来献上拙作一首好了。

《菩萨蛮》
红楼别夜堪惆怅，香灯半卷流苏帐。残月出门时，美人和泪辞。
琵琶金翠羽，弦上黄莺语。劝我早归家，绿窗人似花。

**张泌**

端己兄棒棒的。

**皇甫松**

我的也不错，大家来看看吧！

《采莲子》
一

菡萏香连十顷陂，小姑贪戏采莲迟。
晚来弄水船头湿，更脱红裙裹鸭儿。

二

船动湖光滟滟秋，贪看年少信船流。
无端隔水抛莲子，遥被人知半日羞。

**毛文锡**

如果说飞卿兄笔下的女性是"画屏金鹧鸪"，精工典丽；那端己兄笔下的女性就是"弦上黄鹂语"，飘忽淡雅；而皇甫兄笔下的女性，则天真活泼，惹人爱怜。三位风格迥异，各有风姿。

前传篇 如果花间派词人在一个群里

**相亲相爱一家人(20)**

和凝

毛兄评价得太到位了。

牛峤

三位写得都很好，难分胜负，这可咋办呀？

小诗妹

要不我们再来一局。

皇甫松

小诗妹快直接上题目。

小诗妹

大家都是写爱情的高手，这个题目一定难不倒大家。这一局我们的比赛题目就是——《"我想你"用诗词怎么说？》，用自己作品中的句子哟！

温庭筠

这个简单——玲珑骰子安红豆，入骨相思知不知。（《新添声杨柳枝词》）

韦庄

我也来——不知魂已断，空有梦相随。除却天边月，没人知。（《女冠子》）

皇甫松

来喽——行人经岁始归来，千万里，错相倚。懊恼天仙应有以。（《天仙子》）

**相亲相爱一家人(20)**

薛昭蕴

愁极梦难成，红妆流宿泪，不胜情。（《小重山》）

牛峤

几度将书托烟雁，泪盈襟。泪盈襟，礼月求天，愿君知我心。（《感恩多》）

张泌

满地落花无消息，月明肠断空忆。（《思越人》）

毛文锡

春夜阑，春恨切，花外子规啼月。（《更漏子》）

牛希济

梦断禁城钟鼓，泪滴枕檀无数。一点凝红和薄雾，翠蛾愁不语。（《谒金门》）

欧阳炯

羡春来双燕，飞到玉楼，朝暮相见。（《贺明朝》）

和凝

冷霞寒侵帐额，残月光沉树杪。梦断锦帷空悄悄，强起愁眉小。（《薄命女》）

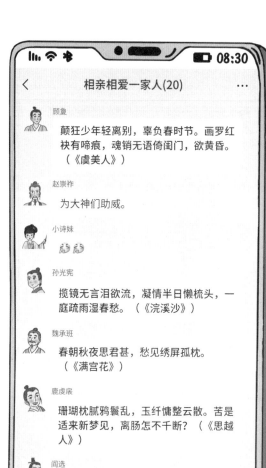

**顾夐**

颠狂少年轻离别，辜负春时节。画罗红袂有啼痕，魂销无语倚闺门，欲黄昏。（《虞美人》）

**赵崇祚**

为大神们助威。

**小诗妹**

👏👏

**孙光宪**

揽镜无言泪欲流，凝情半日懒梳头，一庭疏雨湿春愁。（《浣溪沙》）

**魏承班**

春朝秋夜思君甚，愁见绣屏孤枕。（《满宫花》）

**鹿虔扆**

珊瑚枕腻鸦鬟乱，玉纤慵整云散。苦是适来新梦见，离肠怎不千断？（《思越人》）

**阎选**

几回邀约雁来时，违期，雁归人不归。（《河传》）

尹鹗

月沉沉，人悄悄，一炷后庭香袅。风流帝子不归来，满地禁花慵扫。（《满宫花》）

 毛熙震

一片相思休不得，忍教长日愁生。谁见夕阳孤梦？觉来无限伤情。（《河满子》）

 李珣

几回偷看寄来书，离情别恨，相隔欲何如？（《临江仙》）

 小诗妹

花间派词人果然个个都能说会道呀，这都能凑成一部《情歌金曲大全》了。

 赵崇祚

说起来，人家飞卿兄还真的出了一首歌哟，就是近几年热播剧《甄嬛传》的主题曲，好听极了，分享给大家。

 赵崇祚

 菩萨蛮　词：温庭筠

 孙光宪

飞卿兄厉害啦，这才是真正的"三栖巨星"呀！

前传篇　如果花间派词人在一个群里

037

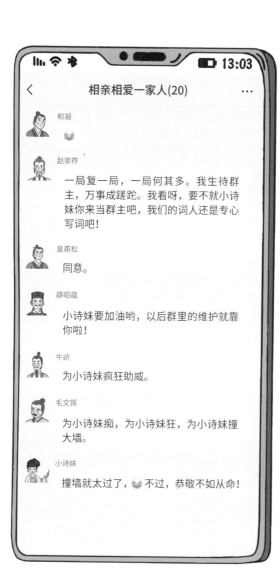

和凝

😀

赵崇祚

一局复一局,一局何其多。我生待群主,万事成蹉跎。我看呀,要不就小诗妹你来当群主吧,我们的词人还是专心写词吧!

皇甫松

同意。

薛昭蕴

小诗妹要加油哟,以后群里的维护就靠你啦!

牛峤

为小诗妹疯狂助威。

毛文锡

为小诗妹痴,为小诗妹狂,为小诗妹撞大墙。

小诗妹

撞墙就太过了,😂不过,恭敬不如从命!

第一章

李煜：辛酸的帝王，伟大的词宗

# 李煜

**朝代** 南唐

**职务** 国主

**身份** 元宗李璟第六子

**初名** 从嘉

**字** 重光

**号** 钟峰隐者、莲峰居士

**籍贯** 徐州彭城县（今江苏徐州）

　　按理说，我们写宋朝，其实和南唐没什么关系。可毕竟，南唐终究是被宋朝灭掉的，南唐与北宋曾经同时存在过。

　　李煜词写得好。可以说，古往今来这么多皇帝，写词他是独占鳌头，没人能和他比。继承了晚唐花间派写词风格的他，经历五代词坛的影响，又经历亡国的悲痛，最终成了一名影响整个词坛的大词人。

　　他是一代词宗，也是末代君王。

　　他是写词的天才，也是治国的庸才。

　　他的一生成功，也失败。

　　他得到过，也失去过。

　　他痴情多情，也冷情无情。

　　他真挚纯粹，也孱弱怯懦。

　　他生而为词宗，死而为词魂。

　　倘若没有李煜那些令人感慨万千的词，或许宋词根本就不会是现在的样子。而李煜的人生，其实比他的词，更让人感慨。

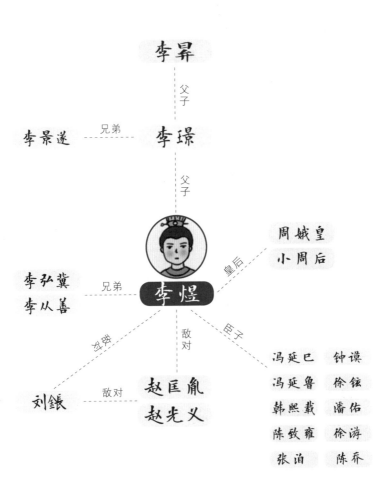

# 一、不问世事的少年

　　五代南吴天祚三年（937年），李煜出生，那时的他还不知道，自己在冥冥中拨开了历史怎样的旋涡。

　　彼时，唐末藩镇割据，群雄纷纷自立，大唐盛世的旗帜颓然落下。北边是废唐哀帝建立后梁的朱温，南边是被昭宗封为吴王的杨行密，还有西蜀、吴越……乱世的帷幕就此拉开。

　　而深深困扰着少年李煜的，却并非这波谲云诡的天下大势。

　　他自幼就是聪明人，望着纷乱复杂的朝堂，他想远远地躲开，离皇权远一点，做一个自由自在、没有束缚的快乐青年。

那是在遥远的公元 937 年，七月初七，南吴副都统李璟家生了个孩子。李璟知道，这孩子以后的命运肯定不一般，因为李璟他爹徐知诰正憋着劲儿准备谋朝篡位。

---

**李璟**
承蒙大家惦念，我家老六健健康康降生，是个大胖小子。
这个老六啊，我第一眼看见他，就觉着这么可爱，长大了肯定是个有才华的人。我给他起名从嘉，但愿他这一生能顺顺利利、平平安安的。

江宁府

> 江宁府，今江苏南京市，南唐时以江宁为首都。

> 徐知诰（888—943），原名李昪（biàn），因父亲李荣在战乱中失踪，被南吴大将徐温收为养子，改名徐知诰。

○ 徐知诰，李弘冀，李景遂

徐知诰：嘿，骈齿重瞳，天生异相，好兆头啊！人们总说"六六大顺"，你这给我添了个孙子，排行第六，咱的大事肯定顺利！

李璟回复徐知诰：就爹您的能耐，干啥不顺利啊？儿子我还得多说一句，等咱大事一成，您还不赶紧改回姓李？

徐知诰回复李璟：必须改回姓李，不用你说也得改。

李弘冀：我这弟弟怎么长这样子，一看就不像好人！😒

李景遂：我瞅这侄子也喜欢，比弘冀看着顺眼多了。

李弘冀回复李景遂：叔，您这话说得我就不爱听！

> 李景遂，李璟之弟。
> 李弘冀，李煜之兄。

> 《新五代史》记载："……（李煜）丰额骈齿，一目重瞳子。"

哈哈哈！如果大宋词人有朋友圈·范仲淹和他的朋友们

李煜出生后不久，大权独揽的徐知诰废吴王杨溥，登皇位，国号大齐，改元为升元。两午后（939年）改为唐，史称南唐。当上皇帝的徐知诰，自称李唐王室后裔，也改回了原名李昪。

李昪

终于改回李姓了，华夏江山，终究还是要叫大唐听着才舒服，它必须得姓李！终究是李唐子孙，吾等不可忘本啊！我给高祖、太宗分别立了庙，要学习他们的仁政，少引战火，让百姓们过回富足安宁的大唐盛世。

建康

♡ 李璟，李弘冀，李景遂，冯延巳

**李璟：** 父皇圣明！孩儿今后定要好好和您学习！

**李昪回复李璟：** 不光你要好好学，你家儿子们也要好好学。听见了没有？@李弘冀

**李弘冀回复李昪：** 爷爷您说的是，孙儿必当好好学习您。

**李景遂回复李璟：** 我觉得让你家从嘉也得好好学学。

**冯延巳：** 陛下，您这"仁政"在这年头可不灵啊！不出去开疆扩土，和村里种地的农民有什么区别？

**李昪回复冯延巳：** 你这咋说话呢？没上没下！

冯延巳（903—960），又作延己、延嗣，南唐著名词人、大臣。仕于烈祖、中主二朝，三度入相。词多写闲情逸致，对北宋初期的词人有比较大的影响，有词集《阳春集》传世。李昪称帝后，志在固守吴国旧地，无意开拓，冯延巳讥他为"田舍翁"。

南唐升元七年（943年），李昪去世，太子李璟继位，改元保大。与李昪相比，李璟就没有那么平和了，有些仗该打还是要打。但真当战火燃起后，李璟心里又有些难过，毕竟打仗就要死人，死很多人。

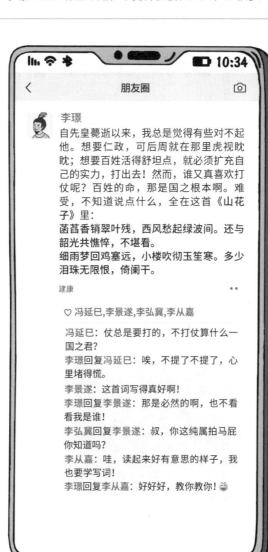

导读

时光荏苒，李煜转眼间18岁了。当时他还叫李从嘉，虽然深受父皇喜爱，但他毕竟只是家里第六个儿子，深知皇位离自己远得很。皇叔李景遂大权在手，兄长李弘冀又是个小心眼的太子，李从嘉知道，皇位之争水太深，自己还是别掺和比较好。

**李从嘉**

最近好多人问我对皇位怎么看，我只想说一句：游山玩水，诗词歌赋不香吗？我啊，根本不是那种擅长政治的人，还是看叔叔和兄长他们的吧，我就踏踏实实写我的词。
这是我最近填的《渔父》（二首）词，大家看写得怎么样？
一
浪花有意千重雪，桃李无言一队春。一壶酒，一竿身，世上如侬有几人。
二
一棹春风一叶舟，一纶茧缕一轻钩。花满渚，酒满瓯，万顷波中得自由。

津康

♡ 李璟，冯延巳，李景遂，李弘冀

**李璟**：好词，好词，颇有朕的风范！

**李从嘉**回复**李璟**：父皇写得可比儿臣不知道好到哪里去了。

**冯延巳**：说实话，你小子是不是也偷偷摸摸学了我的词？😏

**李从嘉**回复**冯延巳**：其实，我还真有学习您的词……😄

**李景遂**：身为皇家子弟，就算不感兴趣，军政之事也要接触接触的。

**李弘冀**回复**李景遂**：叔啊，您这是准备拉帮结伙呢？😊

**李弘冀**回复**李从嘉**：你就踏踏实实做你的"钟峰隐者"，少掺和别的事，懂吗？

**李从嘉**回复**李弘冀**：懂！

> 冯延巳有很多经典的代表词作，如《鹊踏枝》：
> 谁道闲情抛掷久？每到春来，惆怅还依旧。日日花前常病酒，敢辞镜里朱颜瘦。
> 河畔青芜堤上柳，为问新愁，何事年年有？独立小桥风满袖，平林新月人归后。

南唐保大十二年（954年）是李煜春风得意的一年。这一年，他与南唐开国老臣周宗的长女——十九岁的娥皇（大周后）喜结秦晋之好，建立了伉俪之情。

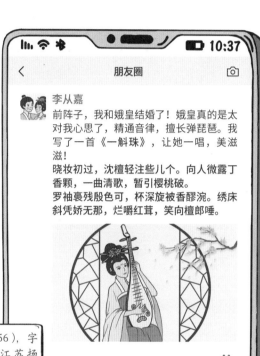

周宗（约876—956），字君太，广陵（今江苏扬州）人。南唐外戚大臣，大周后、小周后父亲，李煜岳父。

# 二、莫名其妙的登基

在李煜的心中，他从没想过当皇帝。可一个人的命运，有时候真不是自己说了算的。

李景遂和李弘冀相继去世，而李璟又喜欢李煜远离朝堂的性格，于是他就莫名其妙地坐上了龙椅，成为南唐第三代君王，史称南唐后主。

即位后，他为自己更名为煜。煜，取光明照耀之意，"日以煜乎昼，月以煜乎夜"，他希望自己能如日如月照耀着自己的国土国人。

只可惜，彼时交到他手上的南唐江山，早已千疮百孔，偏安（指退守某地）江南一隅，且尊宋为正统。陈年积弱，又哪里是他一人便能力挽狂澜的呢？

李璟即位后的南唐，战事不断，导致国库空虚。而且自从与实力强大的后周打仗后，不断遭遇失败。后周显德五年至六年（958年—959年），南唐内部也出现了不小的问题。太子李弘冀因怕叔叔李景遂夺权，将其毒杀，随即自己被废掉太子之位，不久去世。在此夺嫡之际，朝内又党派纷争，一切都乱成了一锅粥。

当时朝廷里党争激烈，朝士分为两党：冯延巳与宋齐丘、陈觉、李征古等为一党，孙晟、常梦锡、韩熙载等人为一党。冯延鲁作为冯延巳弟弟，归属同一党。

冯延鲁，南唐文学家。南唐吏部尚书冯令额之子，著名词人冯延巳同父异母的弟弟。

📶 🛜 ❋　　　　　🔋 10:38

‹　　南唐线上办公会(4)　　⋯

 李璟

> 最近的事情，大家想必非常清楚。逆子弘冀虽为太子，但一直以来都不太听话，总觉得有人要害他，结果他竟然杀了皇太弟景遂。我一怒之下，便废了弘冀太子之位。

 李璟

> 可谁又能想到，弘冀竟然第二年就去世了……唉，我身体也不太行了，必须要定个继承人出来，各位爱卿以为谁更合适啊？

 冯延巳

> 微臣认为，从嘉皇子非常合适，他天生帝相，而且文采斐然，心存善念，不是为非作歹之辈。

 冯延鲁

> @冯延巳 兄长说得极是，我也觉得从嘉皇子非常合适。

 钟谟

> 我倒不以为然，从嘉皇子心无国事，轻浮放纵，不是什么好的继位人选。

 李璟

> @钟谟 那你倒是说说，谁行啊？

后周显德六年，太子李弘冀去世，钟谟以李煜酷信佛教、懦弱少德为由，上疏请立郑王李从善为太子。李璟大怒，流放钟谟至饶州，封李煜为吴王，以尚书令之职参与政事，入住东宫。

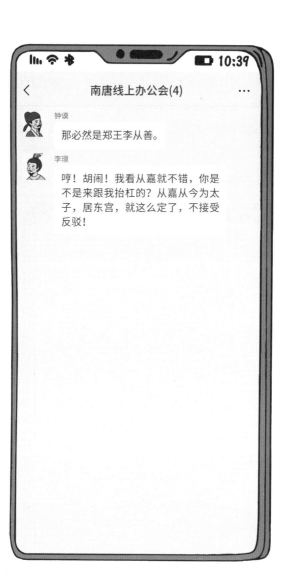

钟谟
那必然是郑王李从善。

李璟
哼！胡闹！我看从嘉就不错，你是不是来跟我抬杠的？从嘉从今为太子，居东宫，就这么定了，不接受反驳！

李煜当上太子的第二年，后周权臣赵匡胤黄袍加身，令年幼的恭帝禅位，定国号为宋，史称北宋。又过一年，即北宋建隆二年（961年），李璟病逝，李煜改掉了李从嘉这个名字，正式更名为李煜。

**李煜**

人生啊，总是很难预料，两年之前，我是万万没有想到自己能做皇帝的。可谁曾想到，阴差阳错之下，我竟然当了太子，又做了皇帝。

本来只想带着我家娥皇游山玩水，填词唱歌，可我终究还是坐到了这个位子上。做皇帝，不知道还能不能像以前一样有闲情雅致作词。依旧记得当初和冯延巳对词时，我那首《后庭花破子》：

玉树后庭前，瑶草妆镜边。去年花不老，今年月又圆。莫教偏，和月和花，天教长少年。

而如今，冯延巳也已然去世了……

江宁府

♡ 冯延鲁，韩熙载，周娥皇，赵匡胤

冯延鲁：说实话，我也挺怀念我哥哥的。😊

韩熙载回复冯延鲁：你哪是怀念你哥啊，你就是想结党营私，祸乱朝纲！

冯延鲁回复韩熙载：你这人怎么说话这么难听？一派胡言，给我泼脏水！

周娥皇：其实闲暇之时，也可以继续填词唱歌的。

李煜回复周娥皇：唉，做皇帝怎么会闲暇啊……

赵匡胤：冯延鲁带来的贡品收到了，五星好评！咱两国还是得多亲近啊以后。

李煜回复赵匡胤：您客气了，您大宋国力那么强，我还指望您多照顾呢。

韩熙载（902—970），南唐名臣，文学家、书画家。李煜曾想任命韩熙载为宰相，但对他又不够信任，便派画家顾闳中潜入韩家，仔细观察韩熙载的所作所为，顾闳中因此创作了千古名画《韩熙载夜宴图》。

宋太祖建隆二年，李煜派冯延鲁入宋进贡，并呈上《即位上宋太祖表》陈述南唐变故。

第一章 李煜：辛酸的亲王，伟大的词宗

**导读**

　　李煜当上皇帝，按理说是个好事，可他并不开心。短短三年内，儿子和妻子先后亡故，令他无比难过。本身就是文人，容易伤春悲秋，更何况妻儿离世？不精政治的李煜，越发无心朝政。再加上南唐国力日益衰落，李煜终究是降了赵匡胤。国将不国，家亦不家，李煜开心不起来。

乾德四年（966年），李煜接到赵匡胤的指令，去说服南汉的刘鋹投降大宋。毕竟，作为一个"过来人"，李煜肯定能把为啥投降这事讲明白。但刘鋹似乎并不是那么好拿下……

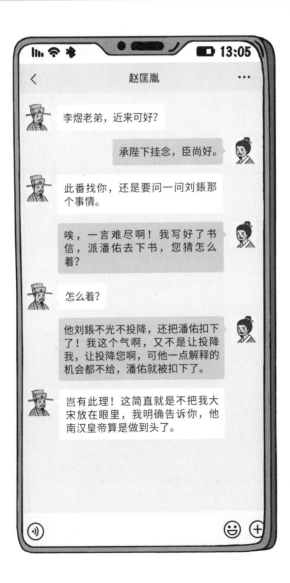

**导读**

开宝四年（971 年），赵匡胤灭南汉，屯兵汉阳。唇亡齿寒，李煜非常恐惧，于是主动去除了唐号，自称"江南国主"，又让弟弟李从善去大宋朝贡，希望能保得平安。

**李煜**

唉，真的是难啊，不论人生还是国家，都这么难。想当初，我只想远离朝堂，做个游山玩水的人。后来做了皇帝，但又做不好皇帝。到现在，"皇帝"不在了，我已经成了"江南国主"，距离被大宋收编估计也没多长时间了。

有点想念从善，但他却被扣押在大宋不能回归……不多说了，一切尽在这首《清平乐》里：

别来春半，触目柔肠断。砌下落梅如雪乱，拂了一身还满。

雁来音信无凭，路遥归梦难成。离恨恰如春草，更行更远还生。

·· 

♡ 李从善,冯延鲁,赵匡胤

李从善：哥，你这首词给我看哭了！我也好想你啊！😭

李煜回复李从善：唉，人在朝堂，身不由己，你在外面自己多保重身体吧！一切以安全为重。

李煜：@冯延鲁 赶紧收拾东西去汴京见大宋皇帝去，咱得想办法给从善捞回来。

冯延鲁回复李煜：臣领命，这就去安排。

赵匡胤：国主近来可好啊？有时间还不来我汴京聊聊天？

李煜回复赵匡胤：唉，我懂，我懂。到了这步田地，我除了归顺没有别的选择了。

# 三、亡国之君

对皇帝来说，最坏的称呼莫过于"亡国之君"。昏庸的皇帝不少，历史上被人骂出血的皇帝一箩筐，但最不受人待见的便是给国家玩没了的"亡国之君"。

李煜很不幸，赶上了一个自己无法改变的时代，得到了这最不光彩的称号。

如果可以，他又何尝不想守住他的国土，保住祖父金戈铁马打下来的基业，可惜他不能够。作为一个骨子里本是文人的皇帝，他有心而无力。

宋太祖赵匡胤素有统一天下的志向，虽然南唐主动降宋，可终究还是一个江南国，国里还有一个江南国土。所以，扣留了李煜之弟后，他感觉还不够，以祭天为由，诏李煜入京。李煜害怕被扣留，便托病不从，如此两番托病后，赵匡胤摘下了伪善面具，直接出兵南唐，大破金陵。

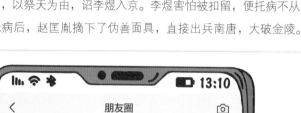

**李煜**

唉，我这一国之主算是做到头了。宋兵杀来，金陵破城，我还有何面目面对我的先人们……

想当初，祖父仁义治国，父亲开疆辟土。

而到了我这里，国破家亡。

这首《临江仙》，恐怕是我人生中最后一首词了。

樱桃落尽春归去，蝶翻金粉双飞。子规啼月小楼西，玉钩罗幕，惆怅暮烟垂。

别巷寂寥人散后，望残烟草低迷。炉香闲袅凤凰儿，空持罗带，回首恨依依。

没脸苟活于世，死了算了。

金陵

♡ 徐铉,张洎,陈乔,赵匡胤

徐铉：我尝试过劝说宋主别打我们，我们都这么听话了，可他说"卧榻之侧，岂容他人酣睡"，这是赤裸裸地要灭了我们啊。

李煜回复徐铉：本来是想投降的，张洎和陈乔不让。

张洎：陛下，咱不能尿啊！

陈乔：陛下，你让我再冲一次，肯定能挡住宋兵的！

李煜回复陈乔：冲什么冲，城都破了……我去自杀了，咱下辈子再见。

赵匡胤回复李煜：慢着！你别死啊，咱有事好商量！

哈哈哈！如果大宋词人有朋友圈·范仲淹和他的朋友们

南唐彻底没了，但李煜终究还是没死。公元976年，投降后的李煜到了汴京，等着接受赵匡胤的发落。赵匡胤没有杀他，封他右千牛卫上将军、违命侯。当年十月，赵匡胤逝世，其弟赵光义即位，是为宋太宗。太宗封李煜为陇西郡公。倘若他听话，这辈子也算是安枕无忧了。

**李煜**

四十岁，我成了亡国之君。怪不得别人，只能怪我自己命不好。此刻的我，身在异国他乡，拿着昔日仇敌的俸禄，感慨万千……做皇帝做成我这样，也算是丢人丢到家了。

一首《破阵子》，正是我此时的心情。

四十年来家国，三千里地山河。凤阁龙楼连霄汉，玉树琼枝作烟萝，几曾识干戈？

一旦归为臣虏，沈腰潘鬓消磨。最是仓皇辞庙日，教坊犹奏别离歌，垂泪对宫娥。

汴京

♡ 小周后,赵光义

**小周后：**不要太过伤心了，命不好，咱也没办法。如今，就安安稳稳过日子吧。

**李煜回复小周后：**唉，也只能如此了。

**赵光义：**我知道你心里不是滋味，但历史的行程走到这里，你没法改变，我也没法改变，你现在所能做的，只有认命。

**李煜回复赵光义：**陛下所言极是，我只是暗自发发牢骚，不会做什么叛逆之事的。

小周后，即先皇后周娥皇妹妹。周娥皇逝世四年后，李煜娶了她。因此有"大周后""小周后"的说法。

沈腰潘鬓，指消瘦衰老之意。沈指沈约（南朝梁国开国功臣，"永明体"诗人代表），沈约因病消瘦，腰带日渐宽松。潘指潘岳（西晋文学家潘安），潘岳少年美貌，然而三十多岁鬓发已斑白。

**导读**

太平兴国二年（977年），李煜彻底认命了，望着日益兴盛的大宋，他知道自己再无翻身的机会。此时的他，只能破罐子破摔，终日借酒浇愁，找赵光义要更多的钱，尽可能地用奢靡的生活去掩盖自己内心的落差。

**📶 🛜 ❄ 📶 13:14**

< **朋友圈** 📷

**李煜**
昨晚的酒喝得开心啊，到现在脑袋都嗡嗡响，看来是喝透了！酒喝好了，就要写词。嗯，写一首《相见欢》，亲笔写的！大家看看我这字，多少年来人们都夸我字有灵气呢！

无言独上西楼，月如钩。寂寞梧桐深院锁清秋。

剪不断，理还乱，是离愁。别是一般滋味在心头。

♡ 小周后,赵光义

小周后：四十多岁的人了，你以为自己是年轻力壮的小伙子啊？又喝成这样……看来你还是放不下。

李煜回复小周后：摊上这种事，谁能放得下呢？

赵光义：词是好词，字也是好字，就是心情看似不太好啊。

李煜回复赵光义：有一说一，把国家玩儿没了，换谁心情能好呢？我啊，就不该当皇帝，我要是当个普通人，估计也算得上是个流量大V，那肯定比现在舒服。

赵光义回复李煜：我劝你还是少写点这种词，什么《破阵子》《相见欢》《浪淘沙令》，一首比一首哀怨，整天哭哭啼啼的，别人看了还以为我虐待你呢！

在开封期间，李煜作了大量抒发国破家亡的词，除了《破阵子·四十年来家国》《相见欢·无言独上西楼》及后文的《虞美人·春花秋月何时了》外，还有《相见欢·林花谢了春红》《浪淘沙令·帘外雨潺潺》等。

《相见欢》
林花谢了春红，太匆匆。
无奈朝来寒雨晚来风。
胭脂泪，相留醉，几时重。
自是人生长恨水长东。

《浪淘沙令》
帘外雨潺潺，春意阑珊。
罗衾不耐五更寒。梦里不知身是客，一晌贪欢。
独自莫凭栏，无限江山。
别时容易见时难。流水落花春去也，天上人间。

太平兴国三年（978年）七月初七，是李煜的生日。一切依旧如往常一样，他还是在喝酒取乐，吟诗作赋。他可能不知道，这将是他这辈子最后一次喝酒写词；也或许，他早就盼着这一天的到来。

汴京，今河南开封，北宋首都。

李煜生日当晚，赵光义赐毒酒一杯，李煜当场身亡。同年，小周后伤心过度，也随他离世，年仅二十八岁。

南唐后主的传奇人生，到此算是正式结束。

李煜是一代词坛大家，在他之前，词大多是写一些浮艳的东西，难登大雅之堂。即便是李煜，最初也是学习一些花间派的东西，在父亲李璟和南唐老臣冯延巳的影响之下，写一些轻松的内容。

直到后来，人生经历大起大落，他在失意中，把最真挚的家国情怀融入了词中，歪打正着，给后人开创出一条全新的道路。

对于他文学上的成就，基本没什么争议，他这一生最大的争议，便是"亡国之君"这个身份了。

但李煜真的没有一点才能吗？北宋势大，而南唐自他接手时，就已经千疮百孔。在这种情况下，能坚守十年，也实属不易。南唐旧臣徐铉在《吴王陇西公墓志铭并序》中就认为，以南唐的形势，即便孔明在世也难保社稷，所以李煜亡国不应有愧！

历史上的争论很多，千百年后，自有后人评说。对于李煜，我们或许根本没必要去争论那么多，只要记住曾有这么一位词坛大家，名叫李煜，就足够了。

若真有来生，但愿他不再降生帝王家，做个寻常人，体验一回寻常人的悲欢，那样也很好。

# 第二章

柳永：奉旨填词的网红词人

# 柳永

**朝代** 北宋

**职务** 屯田员外郎

**身份** 词人

**初名** 柳三变

**字** 景庄，后改名为柳永，字耆卿

**籍贯** 崇安（今福建武夷山市）

　　太平兴国三年七月七日，一代词宗李煜被一杯毒酒毒死，结束了跌宕的一生。

　　大约九年后，一个名叫柳三变的男孩出生。若干年后，他将接过李煜的大旗，开启属于自己的词坛传奇。

　　作为第一位对宋词进行全面革新的词人，柳永大力创作慢词，将敷陈其事的赋法移植于词，同时充分运用俚词俗语，其适俗的意象、淋漓尽致的铺叙、平淡无华的白描等独特的艺术个性，对宋词的发展产生了深远影响。

　　柳永是词坛大家，是风流才子，是"奉旨填词"的大腕，可他的一生却并不如意，如同很多诗人词人一样，郁郁不得志。

　　但无论如何，他精彩的一生，足够后人千年来一遍又一遍地细细品味。

柳崇

父子

柳宜 ——兄弟—— 柳宣 柳宏

父子

父子

叔侄

柳三复 柳三接 ——兄弟—— 柳永

朋友

孙何
田况
范仲淹
吕蔚

对头

郭勤
晏殊

# 一、词坛流量"大V"

柳永出生的时候，北宋刚建立不久。天下初定，一般读书人总是要憋着劲去考试、去报效国家的，即便不这样，也得天天琢磨家国天下大事。但柳永似乎是个异类，他从来没为这些事发过愁，他在成为"流量明星"的路上飞速冲刺着。

导读

　　大约在宋太宗雍熙四年（987 年），柳永出生于父亲柳宜所在任所山东费县。他的祖父柳崇世居河东（今山西），曾为沙县县丞。父亲柳宜，徙居崇安（今福建武夷山），出仕南唐，南唐灭亡后供职北宋，时任费县县令。

**柳宜**
给大家报个喜讯，我家老三出生了，是个大胖小子！
祖上流传下来那把古琴，昨晚不弹自鸣，吓了我一跳！找高人问了问，人家说这是好兆头，结果今天儿子就落生了！联想最近看文曲星位置，正在我家房子正上方，想必我儿子一定是文曲星降世临凡。

费县　　　　　　　　　　　‥

♡ 柳宜,柳宏

柳宣：兄弟，我大侄子叫啥名啊，你还没说呢！

柳宜回复柳宣：老大叫"三复"，老二叫"三接"，老三就叫"三变"吧，你觉得咋样？

柳宣回复柳宜：好，三变好！按家族排行，你家老三是排第七呀，以后我们就叫他柳七。

柳宏：我看我这大侄子骨骼清奇，仪表不凡，将来必定是一位文人雅士。

柳宜回复柳宏：刚生下来还没长开呢，你能看出啥…… 😄

"三变"，取自《论语》中君子行为的标准：君子有三变，望之俨然，即之也温，听其言也厉。意思就是，远望时庄严可畏，接近时温和可亲，说话时严厉不苟。柳三变后改名为柳永，字耆卿。

第二章　柳永：奉旨填词的网红词人

柳永从小就随着做官的父亲东奔西跑，见识了各地风土人情，也饱读史书开阔了眼界。15岁的柳永就已经写出了有个人特色的词作，初步展现了他文学上的才华。

柳三变
参加父亲的宴会，不知道为什么，一听到歌伎们在帘后弹奏的乐器声、演唱的歌曲声，我便觉得亲切，觉得非常有意思，写一首《凤栖梧》表达一下我激动的心情。
帘内清歌帘外宴。虽爱新声，不见如花面。牙板数敲珠一串，梁尘暗落琉璃盏。桐树花深孤凤怨。渐遏遥天，不放行云散。坐上少年听不惯，玉山未倒肠先断。

汴京

♡柳宜，柳三复，柳三接，王禹偁

柳三复：三弟这词写得可以啊！
柳三接：岂止可以啊，简直是非常可以！
柳宜：儿子你小小年纪作这种词，我也不知道好还是不好，叫你王叔点评点评。
柳三变：@王禹偁 王叔，您帮我看看? 🙏
王禹偁：三变此词工句丽，堪为佳作，小小少年能有此作，前途不可限量！
柳宜 回复 柳三变：还不感谢你王叔！另外我也得告诫你，填词作曲终究非仕途正道，你要在圣贤书上下功夫，在科举考试上拿成绩才好。

柳宜身为南唐旧臣，虽然对旧主李煜念念不忘，特别是对李煜的诗词造诣钦佩不已，但毕竟身为新朝官员，还是希望孩子们走上仕途正道。

王禹偁，柳宜好友，诗人、散文家，北宋诗文革新运动先驱，宋初有名的直臣。代表诗作有《清明》：无花无酒过清明，兴味萧然似野僧。昨日邻家乞新火，晓窗分与读书灯。

宋真宗咸平六年（1003年），青年柳永决定到江南去游学，为未来的科考做准备。在杭州时，他写下了自己的成名作！

---

朋友圈

柳三变

人们常说"上有天堂，下有苏杭"，杭州美景，真是了不得啊！作一首《望海潮》，去拜谒一下杭州知州孙何大人。

东南形胜，三吴都会，钱塘自古繁华。烟柳画桥，风帘翠幕，参差十万人家。云树绕堤沙。怒涛卷霜雪，天堑无涯。市列珠玑，户盈罗绮，竞豪奢。

重湖叠巘清嘉。有三秋桂子，十里荷花。羌管弄晴，菱歌泛夜，嬉嬉钓叟莲娃。千骑拥高牙。乘醉听箫鼓，吟赏烟霞。异日图将好景，归去凤池夸。

杭州

♡ 孙何，柳宜，柳宣，柳宏

孙何：本知州门禁严，这是大家都知道的，想拜见我可不容易呢！

柳三变回复孙何：知州大人，难道要小生送礼不成？

孙何回复柳三变：你来我这儿唱唱这首《望海潮》，就算你送礼啦！😄

柳三变回复孙何：谢谢知州大人赏脸！

柳宜：三变啊，你这词写得确实好，但别忘了去考试啊！

柳三变回复柳宜：去去去，肯定要去啊，不过今年来不及了，下次再说吧……

孙何，北宋名臣，太宗朝状元，比柳永大23岁，时任杭州知州兼两浙转运使。

第二章　柳永：奉旨填词的网红词人

导读

柳永自从写完《望海潮》，一下子成了名人。别说杭州，全国都传遍了，基本上所有的歌手都学会了这首词，不会唱《望海潮》这样的"流行歌曲"都不好意思出去演出。

15:32

< 朋友圈 📷

柳三变
本想着在杭州多住几年，可没想到孙何大人调回京里后，我发现身边好像没什么朋友了。既如此，还不如出去转转。听说苏州、扬州都不错，我有必要去看看。

唉，有才华的人的一生就是这么枯燥，知心朋友太少了。作一首《玉蝴蝶》，追忆一下我和孙大人四处游玩的友情岁月。

渐觉芳郊明媚，夜来膏雨，一洒尘埃。满目浅桃深杏，露染风裁。银塘静、鱼鳞簟展，烟岫翠、龟甲屏开。殷晴雷。云中鼓吹，游遍蓬莱。

徘徊。集旗前后，三千珠履，十二金钗。雅俗熙熙，下车成宴尽春台。好雍容、东山妓女，堪笑傲、北海尊罍。且追陪，凤池归去，那更重来。

杭州 ··

♡ 孙何,柳宜,柳三复

孙何：有一说一，你小子这词写的，还真是给我感动了。

柳三变回复孙何：那您回头进京可得多举荐举荐我啊！

孙何回复柳三变：等你也到了汴京再说……

# 二、落榜青年

宋真宗大中祥符元年（1008年），柳永来到了京师汴京（今开封）准备参加科考。

此时的大宋与辽之间的澶渊之盟已结成，承平日久。"帝里风光好，当年少日，暮宴朝欢。况有狂朋怪侣，遇当歌对酒竞留连（《戚氏》）。"俨然一个现代化的大都市，说不尽的繁华锦绣。

柳永这样一个天性浪漫、喜歌好舞的年轻人，一来到这里，就被深深地吸引了。次年，他踌躇满志地踏入考场。进入考场前，他还在朋友圈发了一条自信满满的宣言——"对天颜咫尺，定然魁甲登高第。等恁时、等著回来贺喜（《长寿乐》）。"意思是说：你们瞧着吧，我柳永必然一举中第，到时你们就等着向我贺喜吧！

可谁知，意气风发的柳永却被现实狠狠打了脸……

**导读**

孙何返京不久，就因操劳过度英年早逝。随后，柳永也离开杭州，沿汴河下苏州，又下扬州，开始了他的游历之行，一晃荡就是三四年。但一直晃荡也不是个事，一来家里边催得紧，二来他也确实想做个官，所以他终究还是进京考试去了。

**柳三变**

江南风景真的是让人流连忘返，可归根结底还是要来京里考试。没办法，鱼与熊掌不可兼得，总得舍弃点什么，才能有更好的未来。

听说皇帝梦到神仙降下天书《大中祥符》三篇，开始兴修庙宇，这时候写点称颂的诗词也许能给我赐个功名……大伙看看这首《御街行》怎么样？

燔柴烟断星河曙。宝辇回天步。端门羽卫簇雕阑，六乐舜韶先举。鹤书飞下，鸡竿高耸，恩霈均寰寓。

赤霜袍烂飘香雾。喜色成春煦。九仪三事仰天颜，八彩旋生眉宇。椿龄无尽，萝图有庆，常作乾坤主。

汴京

♡ 柳宜,柳三复

> 柳宜：该准备考试还是得准备，虽然写诗词也有可能赐功名，但概率不高啊。
>
> 柳三变回复柳宜：就凭我的水平，考试什么的跟玩儿一样！
>
> 柳宜：太自信，会被打脸的。🐱
>
> 柳三变回复柳宜：给您一个眼神，自己体会。🐱
>
> 柳宜：别天天整这虚的，赶快复习去！
>
> 柳三复：哥已经开始紧张地复习了，你可别给咱家丢人啊！😄
>
> 柳三变回复柳三复：哥，你这样很容易失去我的……

柳永献词之后，没能等到赏赐功名，只好乖乖地去参加考试了。虽然他自信文采卓绝，然而因为他多年来一直满世界瞎玩瞎疯，耽误了功课，所以意料之中地落榜了。

 **汴京都市报**
10分钟前

#柳三变奉旨填词# 近日，著名词人柳三变来京赴试落榜，苦恼中作《鹤冲天》，却不料皇帝也喜欢他的词，从而发现了他这首泄愤之作。
原词是这样的：
黄金榜上，偶失龙头望。明代暂遗贤，如何向？未遂风云便，争不恣狂荡。何须论得丧。才子词人，自是白衣卿相。
烟花巷陌，依约丹青屏障。幸有意中人，堪寻访。且恁偎红倚翠，风流事，平生畅。青春都一饷。忍把浮名，换了浅斟低唱。
皇帝听后十分愤怒，说"且去浅斟低唱，何要浮名"，来怒斥柳三变这种考试不中却不从自身找原因的错误做法。而柳三变听闻此事之后，声称皇帝是他的粉丝，这是钦定他去"奉旨作词"。

转发12万　　**评论 1.2万**　　点赞 14万

 奉旨填词柳三变

我觉得我考不中肯定是考官太古板，接受不了先进的思想。我是公众人物，不会瞎写词泄愤的。

  👍 6520

 三变后援会

显然是皇上觉着我家三变词写得好，钦定他多写词的，哪里有怒斥？你们的报道出现偏差，将来要负责任的！

👍 2530

 反三变联盟

说了多少次了，这些流量明星不行的，没有真才实学。😂

👍 1523

奉旨填词的故事
出自南宋·吴曾
《能改斋漫录》。

人红是非多。柳永红得发紫，是非自然就来了。更让柳永伤心的是，他的意中人虫姑娘和他之间也出现了感情危机。

---

**柳三变**

活了三十多年，从未感觉如此伤心过，虫姑娘居然不理我了！

唉，不知道说些什么，全在这首《征部乐》里：

雅欢幽会，良辰可惜虚抛掷。每追念、狂踪旧迹。长只恁、愁闷朝夕。凭谁去、花衢觅。细说此中端的。道向我、转觉厌厌，役梦劳魂苦相忆。

须知最有，风前月下，心事始终难得。但愿我、虫虫心下，把人看待，长以初相识。况渐逢春色。便是有、举场消息。待这回、好好怜伊，更不轻离拆。

汴京　仅虫姑娘可见　　··

♡ 虫姑娘

**虫姑娘：**唉，你这词看得我心里怪难受的……咱们也没多大的矛盾，何必如此伤心呢？好啦，别伤心啦，明天我给你唱歌听。

**柳三变回复虫姑娘：**你终于回心转意了！别明天了，我现在就去找你！

柳永的《蝶恋花·伫倚危楼风细细》创作时间不明，写作对象也不明，本次权当作者写给意中人虫姑娘的，读者请知悉。另，这首词中"衣带渐宽终不悔，为伊消得人憔悴"一句被王国维用来形容人生成功三境界中的第二境界。

导读

　　虫姑娘终究还是和柳永重归于好了，但考试他总也考不中，不知道是不是皇上觉着他"且去浅斟低唱，何要浮名"的缘故。眼看哥哥柳三复中了进士，而柳永却一次又一次失败……

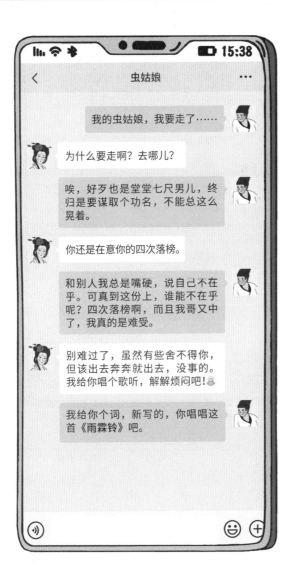

哈哈哈！如果大宋词人有朋友圈·范仲淹和他的朋友们

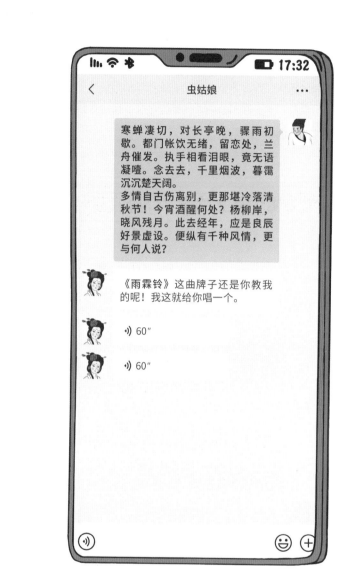

**虫姑娘**

寒蝉凄切，对长亭晚，骤雨初歇。都门帐饮无绪，留恋处，兰舟催发。执手相看泪眼，竟无语凝噎。念去去，千里烟波，暮霭沉沉楚天阔。
多情自古伤离别，更那堪冷落清秋节！今宵酒醒何处？杨柳岸，晓风残月。此去经年，应是良辰好景虚设。便纵有千种风情，更与何人说？

《雨霖铃》这曲牌子还是你教我的呢！我这就给你唱一个。

◂)) 60″

◂)) 60″

柳永走了，离开了汴京。南下后，他词名日盛，全国的歌伎竞相唱柳词，做"柳女郎"成为很多歌伎的梦想。可柳永最想要的，或许还是"浮名"，而不是到处漂泊地"浅斟低唱"。

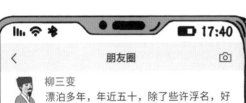

**柳三变**

漂泊多年，年近五十，除了些许浮名，好像一无所有。唉，一腔心事，都在这首《八声甘州》里。

对潇潇暮雨洒江天，一番洗清秋。渐霜风凄紧，关河冷落，残照当楼。是处红衰翠减，苒苒物华休。惟有长江水，无语东流。不忍登高临远，望故乡渺邈，归思难收。叹年来踪迹，何事苦淹留。想佳人妆楼颙望，误几回、天际识归舟。争知我，倚栏杆处，正恁凝愁！

♡ 柳三复,柳三接,田况

柳三复：外面太累就回来吧，哥现在好歹也是个官，养得起你。

柳三变回复柳三复：你快拉倒吧，你那靠踢球忽悠来的官也叫官？

柳三接：我知道你一直伤心，心结在功名上！准备准备，明年咱俩一起考试去！

柳三变回复柳三接：主要是皇上对我有意见，怎么可能考上……

田况：柳兄别想那么多了，来我这边转转，益州可好玩了！放松放松。

柳三变回复田况：行，我这就出发！

据《宋朝事实类苑》记载，柳永兄长柳三复是靠着蹴鞠谋取的官职。

第二章　柳永：奉旨填词的网红词人

075

# 三、浪子回头金不换

命运有时真的很嘲讽，至少在柳永看来如此。

公元 1034 年，那个说着"浅斟低唱"的柳三变终于换来了他想要的"浮名"，可此时的他已不再年轻。

昔日鲜衣怒马少年郎，如今却是两鬓斑白一老翁。但无论容颜怎样更改，他骨子里仍是那个意气风发的追梦人，初心不变。

景佑元年（1034 年），宋仁宗亲政，开恩科，放宽考试尺度。柳永听说此事，开心极了，一路从鄂州飞奔去汴京，和二哥柳三接会师，一起去考试。或许是因为他赶上了好政策，又或许是因为他新改的"柳永"这个名字带来了好运，总之那年他终于考上了，二哥也考上了。

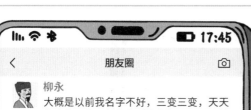

**柳永**

大概是以前我名字不好，三变三变，天天有变故。改了新名字"柳永"，一下子就考上进士了！不仅仅如此，还被授睦州团练推官，不用苦等，直接有官做！美滋滋啊！

作一首《柳初新》，请各位帮我四处宣传一下，我要明天就能听到全京城的歌伎们都唱这首新词！

东郊向晓星杓亚。报帝里、春来也。柳抬烟眼，花匀露脸，渐觉绿娇红姹。妆点层台芳榭。运神功、丹青无价。

别有尧阶试罢。新郎君、成行如画。杏园风细，桃花浪暖，竞喜羽迁鳞化。遍九陌、相将游冶。骤香尘、宝鞍骄马。

汴京

♡ 柳三复,柳三接,田况

柳三复：你还记得当年我跟你说比比谁先中进士吗？😂 这一局我赢了哈哈哈！

柳永回复柳三复：确实你先"近视"，我眼神比你好。😄

柳三接：咱哥儿俩一块中进士，也算是一段佳话！

柳永回复柳三接：加上大哥，咱家哥仨都是进士，这叫"柳氏三绝"。😄

关于柳永改名的说法有多种，比较流行的说法是，"柳三变"这个名字已经被皇帝"记入黑名单"了，所以他想通过改名来继续参加科举考试。

**导读**

柳永被授睦州团练推官后，没多久就赶去睦州赴任。赴任途中，路过苏州，他再次遇到了人生中的贵人——范仲淹。没错，就是那个写"先天下之忧而忧，后天下之乐而乐"的范仲淹，只不过那时范仲淹还没有写《岳阳楼记》。要是没有这次和范仲淹的相谈，柳永未来的人生会很艰难。

范仲淹

范年伯多年未见，让小侄好生想念啊！

三变客气了，实际上你比我还大上一些呢。

没办法啊，谁让您和我家老头子是好朋友，辈分不能乱啊！

我本来就怕老，你这一喊年伯我更显老了。

您正值壮年，前途无量！

嘻，一个小小苏州知州，哪有什么前途……

说不定回头当个宰相呢，就您忧国忧民的胸怀，肯定没问题，到时候混好了可得带我一下。

那一定的啊！你的词我都读过，还算是你的粉丝呢！

此年范仲淹 46 岁，任苏州知州，离他后来主持新政、被贬邓州、创作《岳阳楼记》还有十余年。

告别范仲淹，柳永继续往睦州进发。时任睦州知州的吕蔚因为欣赏柳永的才华，向朝廷举荐了才到任没多久的他。然而因御史郭勤极力反对，晋升这事也就没了下文。虽然柳永好不容易当上了官，可这官似乎并不好当。

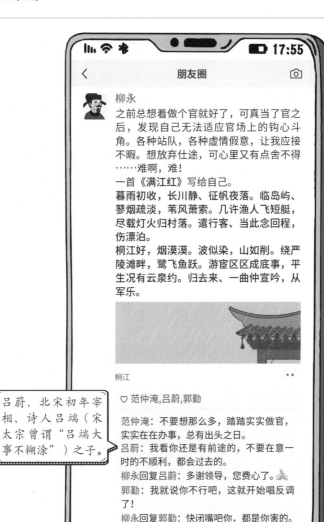

柳永

之前总想着做个官就好了，可真当了官之后，发现自己无法适应官场上的钩心斗角。各种站队，各种虚情假意，让我应接不暇。想放弃仕途，可心里又有点舍不得……难啊，难！

一首《满江红》写给自己。

暮雨初收，长川静、征帆夜落。临岛屿、蓼烟疏淡，苇风萧索。几许渔人飞短艇，尽载灯火归村落。遣行客、当此念回程，伤漂泊。

桐江好，烟漠漠。波似染，山如削。绕严陵滩畔，鹭飞鱼跃。游宦区区成底事，平生况有云泉约。归去来、一曲仲宣吟，从军乐。

桐江

♡ 范仲淹，吕蔚，郭勤

范仲淹：不要想那么多，踏踏实实做官，实实在在办事，总有出头之日。

吕蔚：我看你还是有前途的，不要在意一时的不顺利，都会过去的。

柳永回复吕蔚：多谢领导，您费心了。🙏

郭勤：我就说你不行吧，这就开始唱反调了！

柳永回复郭勤：快闭嘴吧你，都是你害的。

吕蔚，北宋初年宰相、诗人吕端（宋太宗曾谓"吕端大事不糊涂"）之子。

此后几年，柳永虽然心里有些别扭，但还是在努力做官。九年三任，在各地都有不错的政绩，也受到了百姓的爱戴。按着当时的制度，柳永该升任了。他满怀期待地写了首词献给皇上，却没想到皇上不高兴了。

柳永

在地方上做了九年，我以为我要熬出头了，可以进京了，可万没想到，写首词给皇上歌功颂德竟出了偏差……我这流程都对啊，总不能是我词写得不好吧？大家帮我看看这首《醉蓬莱》：

渐亭皋叶下，陇首云飞，素秋新霁。华阙中天，锁葱葱佳气。嫩菊黄深，拒霜红浅，近宝阶香砌。玉宇无尘，金茎有露，碧天如水。

正值升平，万几多暇，夜色澄鲜，漏声迢递。南极星中，有老人呈瑞。此际宸游，凤辇何处，度管弦清脆。太液波翻，披香帘卷，月明风细。

泗州

范仲淹：你这，太犯忌讳了吧……

柳永回复范仲淹：哪里犯忌讳了？

范仲淹回复柳永：皇上给先皇的挽联，你都敢引用？

皇帝-赵祯："此际宸游，凤辇何处"什么意思？"太液波翻"是说大宋要翻？就你这样，还想升官？！

柳永回复皇帝-赵祯：我我我，唉，我完了……

柳永再一次惹恼了当朝皇帝，看来是前途无望了。他拜访了挺多人，可谁都帮不上忙。但这时，贵人出现了。范仲淹拜参知政事，颁行庆历新政，重订官员磨勘之法。柳永终于翻身了。

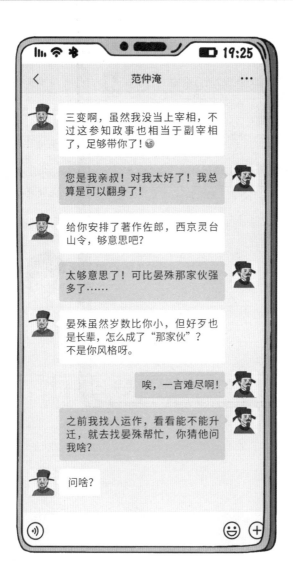

范仲淹

三变啊，虽然我没当上宰相，不过这参知政事也相当于副宰相了，足够带你了！😏

您是我亲叔！对我太好了！我总算是可以翻身了！

给你安排了著作佐郎，西京灵台山令，够意思吧？

太够意思了！可比晏殊那家伙强多了……

晏殊虽然岁数比你小，但好歹也是长辈，怎么成了"那家伙"？不是你风格呀。

唉，一言难尽啊！

之前我找人运作，看看能不能升迁，就去找晏殊帮忙，你猜他问我啥？

问啥？

他问我："你也作曲子吗？"我一听，这不是废话吗？我就答了一句"您不是也作曲子嘛"。

这倒没错，你俩都作曲子，还都作得挺好。

后面那句就气人了，他说："我虽然作曲子，但没作过'针线闲拈伴伊坐'这种。"您说这不是气我吗？说我女儿心态，说我不务正业，这意思就是不管我啊！

嘻，消消气，他那臭脾气谁不知道，古怪得很，别生气啊，现在不是升迁了嘛，哈哈哈。

"针线闲拈伴伊坐"，出自柳永《定风波·自春来》：
自春来、惨绿愁红，芳心是事可可。日上花梢，莺穿柳带，犹压香衾卧。暖酥消，腻云亸，终日厌厌倦梳裹。无那！恨薄情一去，音书无个。
早知恁么，悔当初、不把雕鞍锁。向鸡窗，只与蛮笺象管，拘束教吟课。镇相随，莫抛躲，针线闲拈伴伊坐。和我，免使年少光阴虚过。

柳永也是六十来岁的人了，虽然和官场还是有点格格不入，但此后十年，他总算是过上了安定的日子。

踏踏实实做官，实实在在做事，还像头些年一样，群众对这位"流量明星"出身的官老爷印象不错。

宋仁宗皇祐五年（1053 年），柳永逝世。去世时家无余财，一群歌伎集资，为他举行了葬礼。出殡那天，满城歌伎无人不到，遍地缟素，哀声震天。

柳永的墓地设在乐游原，墓碑上刻：奉圣旨填词柳三变之墓。

每到清明，众歌伎都来柳坟凭吊，久而久之，竟成为一种风俗，名曰"吊柳会"。宋高宗南渡之后，"吊柳会"才宣告结束。后人还曾为此写诗道：

乐游原上妓如云，尽上风流柳七坟。
可笑纷纷缙绅辈，怜才不及众红裙。

人们看柳永的词，总觉着他是一个情场浪子，但实际上他也有满腔抱负，也有为国为民的伟大梦想，只不过一生并不是那么顺顺当当罢了。

当然，他和很多知名的诗人词人不一样，多数诗人词人都不是专业写诗、专业作词的，但柳永绝对是专业的。说起一个词人的职业修养，柳永比很多人不知道高到哪里去了。

关于柳永去世的说法大约有四种，文中取第一种，即《方舆胜览》中记载的：柳永卒于襄阳，死之日，家无余财，群妓合资葬于南门外。每春日上冢，谓之"吊柳七"。

范仲淹：

为文范仲淹，为官『铁憨憨』

# 范仲淹

**朝代**　北宋

**职务**　参知政事

**身份**　政治家，文学家

**字**　希文

**籍贯**　苏州吴县（今江苏苏州）

在一千年前的宋朝，有一位特立独行的"斜杠青年"，他叫范仲淹。

他是政治家，一生以天下为己任，每在一地为官，便造福一方百姓。

他是改革家，发起了对后世影响深远的"庆历新政"。

他是文学家，存世诗词三百余首，散文不可计数，《岳阳楼记》《渔家傲》《苏幕遮》家喻户晓。

他是教育家，一生兴学育人，不知疲倦，广办学堂、义学，被奉为"一世之师"。

他是思想家，"先天下之忧而忧，后天下之乐而乐"的士大夫精神，至今被奉为典范。

他是军事家，在宋夏之战中威名赫赫，腹中有数万甲兵，赢得"小范老子"的尊称。

此外，他还擅长书法，精通音律、古琴，写过棋史，研究过医药，游历过大江南北，连教育儿子都很有一套，一门父子，"五传"传世，千古流芳。

他以教育为一生守则，以政治为一生抱负，以改革为一生实践，以文学为一生兴趣，以思想为万世楷模。

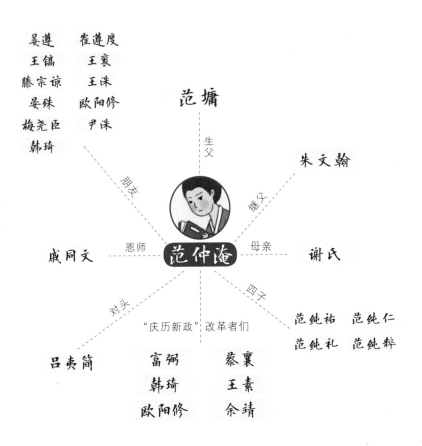

姜遵　崔遵度
王镐　王褒
滕宗谅　王洙
晏殊　欧阳修
梅尧臣　尹洙
韩琦

朋友

范墉

生父

朱文翰

继子

戚同文

恩师

范仲淹

母亲

谢氏

四子

对头

"庆历新政"改革者们

范纯祐　范纯仁
范纯礼　范纯粹

吕夷简

富弼　蔡襄
韩琦　王素
欧阳修　余靖

# 一、愤然苦读

宋太宗端拱二年（989年）十月，范仲淹生于徐州，其父范墉时任武宁军节度掌书记。次年，范墉因病卒于任所，范墉原配陈氏携子范仲温返回苏州老家，而侧室谢氏已无立足之地，被迫改嫁山东淄州小吏朱文翰。庶出的范仲淹时年两岁，随母亲谢氏到了朱家，改名为朱说（yuè）。

虽然继父对范仲淹母子疼爱有加，但当朱文翰去世后，母子俩在朱家便失去了依靠。偶然间得知自己身世后，范仲淹伤感不已，于是毅然辞别母亲，前往应天府（今河南商丘）求学，开始了自己的寒窗苦读生涯。

宋真宗景德元年（1004年），范仲淹（朱说）15岁。那时，他还在淄州（今山东淄博）上学，不知道自己任淄州长史的父亲朱文翰其实是他的继父。所以，他的日子过得无忧无虑。

那时的范仲淹还叫朱说。公元1017年，28岁时才复姓归宗（另有一说公元1028年朱说才改名范仲淹，本书取前一种说法）。

**朋友圈** 19:33

**朱说**
今天和朋友一起去寺庙玩，遇到一个老和尚在算命，据说很灵。我也凑上去问了问："我日后能做宰相吗？"他说不能，我又问："那能做良医吗？"答曰还是不能。
我瞬间感觉灵魂深处受到一万点暴击，难道我看起来不像做大事的人吗？因此特地在此向大家立下flag（原意为旗帜，这里指目标）：我朱说日后不为良相，则为良医。

淄州秋口

《文正公愿为良医》的故事，出自南宋吴曾《能改斋漫录》。

○ 朱文翰,谢氏,姜遵,崔遵度

朱文翰：儿子棒棒的，老爸相信你！
崔遵度：小朱呀，最近琴练得咋样了？
朱说回复崔遵度：老师您放心吧，我一日都不曾懈怠。
姜遵：小朱年纪虽小，却是个难得的奇士，将来肯定能做出一番大事业。
朱说回复姜遵：承您吉言嘞！

崔遵度，当时的国手音乐家，著有《琴笺》。范仲淹曾师从其学琴，最喜欢弹《履霜》，因此有"范履霜"的外号。

姜遵，淄州长山人，曾在朝廷任要职。这年他回乡探亲，范仲淹前往拜访。姜遵对范仲淹大为赞赏，感慨道："朱学究年虽少，奇士也。他日不惟为显官，当立盛名于世。"

**导读**

宋真宗大中祥符四年（1011 年），22 岁的范仲淹偶然知晓了自己的身世，非常伤感，决心自立门户，于是带上书和剑，辞别母亲，前往南都应天府求学。

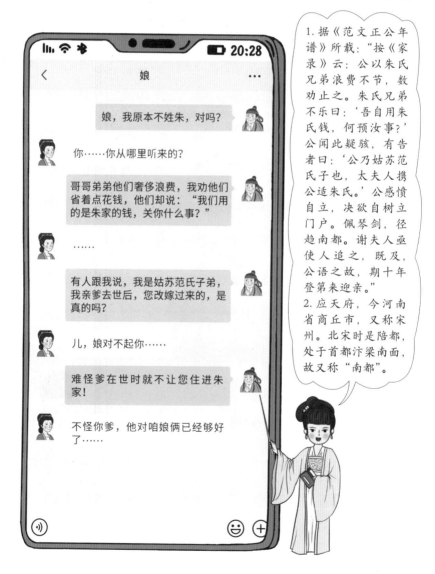

1.据《范文正公年谱》所载："按《家录》云：公以朱氏兄弟浪费不节，数劝止之。朱氏兄弟不乐曰：'吾自用朱氏钱，何预汝事？'公闻此疑骇，有告者曰：'公乃姑苏范氏子也，太夫人携公适朱氏。'公感愤自立，决欲自树立门户。佩琴剑，径趋南都。谢夫人亟使人追之，既及，公语之故，期十年登第来迎亲。"

2.应天府，今河南省商丘市，又称宋州。北宋时是陪都，处于首都汴梁南面，故又称"南都"。

来到应天府后，范仲淹进入睢阳学舍，投入一代名师戚同文门下。为了省钱，他每天只煮一碗稠粥，凉了后划成四块，早晚各取两块，拌几根腌菜，调拌于醋汁，吃完继续读书。

**朋友圈** 20:29

**朱说**
古有悬梁刺股、凿壁偷光、囊萤映雪，今有我朱说划粥断齑。

应天府

♡ 王衮,王镐,崔遵度,戚同文

王衮：听说小朱你对医学也挺有兴趣，要不要随我学医呀？
朱说回复王衮：听起来很诱人的样子，可惜学医只是我第二志愿，做个良相才是我的首选。
王衮回复朱说：做个人人喜爱的白衣天使，不香吗？
朱说回复王衮：为医只能救治一方百姓，为官可匡扶天下万民，我要就做那种济世救民的好官。
王镐：朱兄你这也太艰苦了吧，我看着都有点心酸。
谢氏：娘看着心里难受啊……
朱说回复谢氏：不吃读书的苦，以后就要吃生活的苦。我这是先苦后甜，娘不要担心。

王衮，北宋医家，编有医方《博济方》。

王镐，名士，范仲淹20岁远游陕西时结交的好友。

关于范仲淹睢阳学舍（即后来名震天下的应天府书院）学习的经历，《宋史·范仲淹传》载："……去之应天府，依戚同文学。昼夜不息，冬月惫甚，以水沃面；食不给，至以糜粥继之，人不能堪，仲淹不苦也。"范仲淹在应天府书院学习五年，"大通六经之旨"。

**导读**

　　大约在范仲淹就读于应天府书院的第四个年头，宋真宗御驾来到应天府，一时间万人空巷，大家都想一睹皇帝风采。只有范仲淹独守书斋，潜心读书，还以诗明志。

朱说

《睢阳学舍书怀》
白云无赖帝乡遥，汉苑谁人奏洞箫。
多难未应歌凤鸟，薄才犹可赋鹪鹩。
瓢思颜子心还乐，琴遇钟君恨即销。
但使斯文天未丧，涧松何必怨山苗。

睢阳学舍

♡ 戚同文

同学甲：朱说，官家来咱睢阳学舍了，快出来看啊！
朱说回复同学甲：大丈夫当笃志于学。
同学甲回复朱说：书啥时候不能读，官家可不是能常见的呀！
朱说回复同学甲：将来进了朝廷，自然时常见！
戚同文：孺子可教也，孺子可教也！

戚同文，北宋著名教育家，睢阳学舍创办人杨悫的学生及继任者，人称"睢阳先生"。

这里的官家指皇帝。

# 二、著名的"铁憨憨"

宋真宗大中祥符八年（1015年），范仲淹考中进士，任广德军司理参军，从此开始了自己越挫越勇的官场生涯。

知兴化县，修捍海堰；写《上执政书》；掌应天府书院，开一代教学新风。凭借这三件事功，范仲淹名动朝野，名满天下，由一名地方小官一跃而登上中央政坛。

然而木秀于林，风必摧之。范仲淹又是那种直言敢谏，一旦认准心中信念，便不管不顾、毫不退却的性子，很自然地，他遭受了一次又一次的贬谪、外放。

上疏请太后还政，被贬河中府；废后风波，被贬外放，出守睦州；上《百官图》，反被诬朋党，遭贬饶州……但是无论被贬多少次，"铁憨憨"范仲淹为万民谋福祉的信念，始终不曾更改。

宋真宗天禧元年（1017 年），为官两年的范仲淹因治狱廉平、刚正不阿，升为文林郎，任集庆军节度推官。这时的他不想再当"朱说"，于是决定认祖归宗，改回范姓。

**朋友圈**

**范仲淹**
虽说这两年在任上没做什么大事，但我知道，做人做事，总是要踏踏实实、稳稳当当才行，做官不能忘百姓，做人不能忘根本。
既然说起根本，我就有必要改一改我的姓。熟悉我的朋友都知道，我父早亡，我随继父姓朱。如今我也要改回范姓了，名仲淹，字希文。诸位以后别叫错了！

| | |
|---|---|
| 姓名 | 范仲淹 |
| 性别 | 男　民族 汉 |
| 出生 | 公元989 年 10 月 1 日 |
| 住址 | 江苏省徐州节度掌书记官舍 |
| 公民身份号码 | 456786145678561567 |

集庆

♡ 上官佖,上官融,杨日严

上官佖：好的，小朱同志！
杨日严：好的，小朱同志！
上官融：好的，小朱同志！
范仲淹：你们，真是要了命了……
上官佖：你的命就算了，赶紧写篇《奏请归宗复姓表》，我给你交上去！

> 上官佖时任知州，杨日严时任通判，均为集庆军所在地亳州长官，也就是范仲淹的上司。上官融，知州上官佖之子。

宋仁宗天圣三年（1025年）秋，范仲淹被江淮制置发运副使张纶推荐，成了兴化县（今江苏泰州兴化市）县令，开始修筑捍海堰。只是才过了一年，工程还没完成，母亲谢氏病逝，范仲淹只得辞官守丧，把工程交由张纶主持。

**范仲淹**
家母不幸逝世，修筑捍海堰之事，只能拜托@张纶@滕宗谅诸位了！

兴化县

♡ 张纶，滕宗谅，胡令仪，林逋

张纶：希文兄节哀，🙏修堰之事就交给我们吧。

滕宗谅：希文兄节哀，🙏希望我们还有机会并肩战斗。

林逋：希文兄节哀，🙏多谢兄的《与人约访林处士阻雨因寄》《寄西湖林处士》。

滕宗谅，字子京，与范仲淹同榜进士，修捍海堰时，两人曾并肩作战。《岳阳楼记》里的滕子京，指的便是滕宗谅。

林逋，北宋著名隐逸诗人，终生不仕不娶，早年曾漫游江淮间，后隐居杭州西湖。其《山园小梅》中的诗句"疏影横斜水清浅，暗香浮动月黄昏"被誉为"千古咏梅绝唱"。

泰州靠近黄海，因海堤失修、海水倒灌，百姓生活遭受重大影响。范仲淹创议重修捍海堰，得到淮南转运使胡令仪、发运副使张纶的大力支持。历时多年，历尽艰辛，捍海堰最终才得以修成。虽然范仲淹因守母丧中途离开泰州，但当地人民仍因他首倡之功将其命名为"范公堤"。

第三章 范仲淹：为文范仲淹，为官"铁憨憨"

**导读**

宋仁宗天圣五年（1027年），范仲淹在应天府守丧期间，受到应天府知府晏殊邀请，执掌应天府书院。

 **范仲淹**
快来报名！我的母校，同时也是我现在执教的地方——应天府书院，征集招生宣传语啦！被选中者有精美礼品哟！
宣传语要求：高端大气上档次，低调奢华有内涵，秒杀其他一切书院。

应天府书院

♡ 晏殊,嵇颖,王洙,蔡齐,戚舜宾

> 晏殊：应试教育哪家强？只有应天没蓝翔。
> 范仲淹回复晏殊：呃，您这是什么鬼？
> 嵇颖：白鹿毁一生，岳麓穷三代。你若来应天，必成高富帅。
> 范仲淹回复嵇颖：这样光明正大地抢人，会不会不太好呀？😊
> 嵇颖：南京应天府书院：做您黑暗里指明方向的一束光。
> 戚舜宾：你想中进士吗？你想当官吗？你想成为天子门生吗？你想光耀门楣吗？来应天府书院，今日应天之英才，明日大宋之未来。😈
> 范仲淹回复戚舜宾：这个太棒啦！👍👍

嵇颖，范仲淹聘请的名师。王洙，应天府书院教习。蔡齐，时任应天府知府。戚舜宾，范仲淹恩师戚同文之孙。

北宋最著名的四大书院：白鹿洞书院、岳麓书院、嵩阳书院、应天府书院。其中以应天府书院开办最早、坚持时间最长、所育人才最盛，在宋代教育史上的地位最突出。

宋仁宗天圣六年（1028年），范仲淹守母丧期满。在晏殊的推荐下，范仲淹终于重回京都，供职秘阁。这个职位虽然品级不高，但是地位优越。可很快，范仲淹就干了一件生猛事，吓得晏殊心惊肉跳。

 07:36

< 朋友圈 📷

 范仲淹
最近写了一篇文章，准备呈给太后，先在这儿给大伙剧透一下啊：
陛下拥扶圣躬，听断大政，日月持久。今上皇帝春秋已盛，睿哲明发，握乾纲而归坤纽，非黄裳之吉象也。岂若保庆寿于长乐，卷收大权，还上真主，以享天下之养。

 乞太后还政奏

··

♡ 王曾,赵祯

晏殊：希文兄呀，你这是啥意思呀？
范仲淹回复晏殊：我寻思着太后她老人家掌权太久了，应该赶快把权力交给官家，自己搞搞养老美容保健啥的，不也挺好吗？
晏殊回复范仲淹：你这是不想要自己的小命了？还不还政，那都是太后与官家的事，别人都不吭声，就你站出来。我好心举荐你，你这不是要害我吗？
王曾：小范呀，你这也忒大胆了，悄悄给你点个赞吧！

王曾，时任宰相。范仲淹执掌应天府书院时，曾上万言书，深受宰相王曾赏识。

当时宋仁宗已年满20岁，继位也已经六年了，但朝中大权仍旧在60多岁的刘太后手中。满朝文武无人敢发言，唯独范仲淹公然请求太后还政，结果马上被贬为河中府通判。

明道二年（1033年）三月，刘太后崩。宋仁宗没有忘记为自己说过话的范仲淹，一亲政，就将范仲淹召还朝中，知道他直言敢谏，就委以左司谏之职。但很快，范仲淹就因为"废后风波"，被贬外放，出守睦州。

吕夷简，宋仁宗朝宰相，深受恩宠。《宋史》对他评价很高，士君子们却对他颇为不齿，如欧阳修就曾评价吕夷简：吕夷简为政，二十年间坏了天下。

**大宋一家人(20)**

赵祯

　　朕想废掉郭皇后，大家怎么看？

吕夷简

　　要我说，这郭皇后也太不像话了，连官家您都敢打，如果纵容下去，官家您龙颜何在呀？

御史中丞孔道辅

　　大臣之于帝后，犹子之事父母也，你会因为你的父母不和，就挑拨两人离婚吗？

吕夷简

　　这又不是我说的，汉、唐可是有先例的。

御史中丞范讽

　　是呀，是呀，汉光武帝就废过皇后，这可是史有先例呀！

御史中丞孔道辅

　　我们作为人臣，应当用尧舜先贤的故事来告谕君王，怎么能够让君王效仿汉唐时那些失德的君王呢？

范仲淹

　　+1要我说，废后之事，万万不可！皇后乃一国之母，掌阴教而母万国，怎么可以轻易废除？

吕夷简

我说咋哪儿都有你？之前乞太后还政的是你，刘太后死后劝官家恪尽子道的是你，现在你又不让官家废后，你究竟是何居心？

 范仲淹

要说有居心的话，那就是一颗对官家的拳拳赤诚之心。

 吕夷简

我一口盐汽水喷死你，看不出范希文你溜须拍马的本事也挺高，忒不害臊。

 范仲淹

哪儿能比得上您，墙头草的本领出神入化，当初刘太后执政的时候，你也挺受恩宠的吧？

 吕夷简

你，你居然嘲讽我？

 范仲淹

我嘲讽你了吗？我明明是在正大光明地鄙视你！

"废后风波"：宋仁宗的皇后是郭皇后，刘太后专权时做主所选，却不得仁宗喜爱。后来，郭皇后与仁宗喜爱的尚美人、杨美人发生争吵，误打了从旁劝阻的仁宗，仁宗勃然大怒，决定废后。此次风波，范仲淹、孔道辅等人均或贬或罚，无一幸免。

第三章 范仲淹：为文范仲淹，为官"铁憨憨"

哈哈哈！如果大宋词人有朋友圈·范仲淹和他的朋友们

**导读**

之前范仲淹因为"废后风波"与吕夷简结下了梁子，景祐三年（1036年），"灵魂画手"范仲淹在开封府任所，又向宋仁宗呈上了自己独具创意的《百官升迁次序图》，指斥吕夷简用人失当，随意买卖官爵。谁知他反被吕夷简诬陷"越职言事，荐引朋党，离间君臣"，范仲淹再次被贬，知饶州。

**风华大宋**
10分钟前

忠耿之臣范仲淹，从来以天下为己任，为民众做下无数好事，此次却因上《百官升迁次序图》被贬。究竟是人性的扭曲，还是道德的沦丧，敬请收看本期《官场现形记》……

转发1.5万　　**评论2.2万**　　　　点赞31万

**梅尧臣**
你说说你，少说点话，少管点事，喝喝酒、听听曲，愉快地过自己的小日子，它不香吗？你偏偏要去学那不识时务的乌鸦，老是报凶不报吉，这不是自己找抽吗？@范仲淹一篇《灵乌赋》送给你，你可长点心吧！

范仲淹在西京洛阳时，与梅尧臣结识。范仲淹被贬饶州后，梅尧臣曾寄《灵乌赋》，提醒范仲淹要中庸一些。范仲淹同样写了一篇《灵乌赋》，表明自己"宁鸣而死，不默而生"的崇高境界。

范仲淹：你既然送我一篇《灵乌赋》，来而不往非礼也，我也送你一篇《灵乌赋》吧！我范仲淹此生，宁鸣而死，不默而生！

**尹洙**
余靖与范仲淹的平素交往并不多，都以朋党罪贬谪，我尹洙是范仲淹的师友，就更有可能是朋党了。官家你要想抓，就连我一起吧！

尹洙，北宋时期大臣、散文家，提倡古文运动，与范仲淹交好。

范仲淹回复尹洙：尹兄高义，只是你又何必如此呢？唉，我连累的人已经太多了。

欧阳修对范仲淹为人十分敬佩，写下《与高司谏书》，为范仲淹鸣不平，因而被贬夷陵。

欧阳修

致谏官高若讷：我本来以为你只是个不称职的谏官，一个愚笨之人罢了，却没想到在希文被贬后，你不但不表同情，还诋毁希文为人。由此，我得出一个明确的结论：你这人啊，就是个小人，当不得君子半分。建议你通读《与高司谏书》，好好学学如何做人。@高若讷

高若讷：好啊，欧阳修，你竟然敢公开讥讽我，你给我等着！

范仲淹：哈哈哈，小欧阳，你这个朋友我交定了！

此次"百官图事件"又称"庆历党争"（景祐党争），余靖、尹洙、欧阳修等人因为为范仲淹说话，相继被贬。蔡襄作《四贤一不肖》诗，朝野传颂。

# 三、会打仗的"小范老子"

长久以来，范仲淹都被看作士大夫精神的典型人物。但是你要以为范仲淹仅仅是一个文臣，可就太小瞧他了，他的军事才能也是出类拔萃的。正所谓"文能提笔安天下，武能上马定乾坤"，说的就是范仲淹这样多才多艺的"斜杠青年"。

康定元年（1040年）正月，西夏皇帝李元昊举重兵侵犯大宋国的延州，宋朝名将刘平全军覆没，边关吃紧。韩琦被任命为陕西安抚使，自觉势单力薄，便力荐范仲淹出任边帅。

宋仁宗于是重新起用范仲淹，三月任知永兴军，此后短短几个月，一路升迁至龙图阁直学士、陕西经略安抚副使，总揽鄜延路方面的军机事务。此时范仲淹已是知天命之年，披戈挂帅。受任于败军之际，奉命于危难之间，"小范老子"范仲淹就此横空出世。

宋仁宗庆历元年（1041年）十月，范仲淹正在西北前线。虽然此时已是武将身份，但范仲淹骨子里还是文人，他在西北前线写了两首流传千古的名作——《渔家傲》《苏幕遮》。

范仲淹《苏幕遮》
全词：
碧云天，黄叶地，
秋色连波，波上寒
烟翠。山映斜阳天
接水，芳草无情，
更在斜阳外。
黯乡魂，追旅思，
夜夜除非，好梦留
人睡。明月楼高休
独倚，酒入愁肠，
化作相思泪。

||• 📶 🔋 08:16

< 　　　　**朋友圈**　　　　📷

范仲淹
唉，有点想家了，可是为着大宋万民的安定，再苦再难，我也一定要坚持下去！
《渔家傲》
塞下秋来风景异，衡阳雁去无留意。四面边声连角起，千嶂里，长烟落日孤城闭。浊酒一杯家万里，燕然未勒归无计。羌管悠悠霜满地，人不寐，将军白发征夫泪。

西北前线　　　　　　　　　　•

♡ 晏殊,欧阳修,韩琦,张载

欧阳修：范公，这首词真妙呀！既肃杀苍凉，又豪迈冲天，当真是"穷塞外之词"呀！

范仲淹回复欧阳修：谢谢夸奖！我还有一首《苏幕遮》，我自己也挺满意，私信发你吧！

韩琦：我也有点想家了，唉，不知道啥时候咱们才能完成使命回到故乡！

张载：范公，谢谢您赠给我《中庸》一书，您说得对，读书论道才是最适合我的道路。

范仲淹回复张载：我一见到你就觉得你将来必成大器，前途不可限量。👍

韩琦比范仲淹小19岁，两人为忘年交，同样敢于犯颜直谏，能以天下苍生为念。

张载年轻时曾赴陕西拜访范仲淹，想投笔从戎。范仲淹认为他更适合读书，便赠书勉励，张载后来果然成了北宋理学奠基人。"为天地立心，为生民立命，为往圣继绝学，为万世开太平"，这四句话更是闪耀千古。

在西北前线，范仲淹根据自己数十年以来对边患的关注，总结出了一整套切实可行的"对西夏用兵方略——积极防御战略"，不料却遭到大多数人，乃至最亲密战友的反对。

**范仲淹**

我自小就伴着边患成长，始终认为固守和平，使百姓不受战争苦楚、安居乐业，才是一切负责任战争的最高和最终目的。哪怕大家都反对，我也不会改变对积极防御战略的坚守。

> **军** 对西夏用兵方略——积极防御战略

西北前线                                    ··

♡ 欧阳修，狄青，张载

狄青：范帅，多谢您赠我《左氏春秋》，我一定好好研读。

范仲淹回复狄青：你是个好苗子，只是在战场上空有武力是不够的，还得有运筹帷幄的谋略，希望你不要辜负我对你的期望！

韩琦：希文，你的方略恕我不能苟同，西夏国已经欺负我们够久了，我们还不积极进攻，肯定会被他们耻笑我们胆小怕事的。

范仲淹回复韩琦：一味地强攻，并非万全之计呀！

尹洙：范公，你不如韩公呀！韩公曾说："凡用兵，应当先置胜负于度外。"而你却这样小心翼翼、过度谨慎。

范仲淹回复尹洙：尹兄，大军一动，悬着数万将士性命，我怎么能置他们的生死于度外？

狄青，北宋一代名将，曾在范仲淹部下打仗，范仲淹授其《左氏春秋》一部。

事实证明，范仲淹的积极防御战略是正确的，朝廷最终采纳了他的"退让"建议，即放弃早被占领的塞门等地，速签和约，尽快休兵养民，恢复国力。庆历四年十月，李元昊向宋朝进奉誓表，情愿削去帝号称臣；大宋则向李元昊赐下誓诏，册封元昊为夏国主，并赐绢、银、茶等大量"岁币"，双方握手言和，表示世代友好。

仁宗皇帝自继位以来，"三冗三费"的问题就始终让他头痛不已。庆历三年（1043年），他终于立志改革求变，大力任用范仲淹、富弼、韩琦、欧阳修、蔡襄、王素、余靖等人，发起了轰轰烈烈的"庆历新政"。

**风华大宋**

10分钟前

#和"大宋第一改革天团"携手同行# 各位小可爱早上好，为了回馈大家一直以来的热情支持，我们特地邀请了"大宋第一改革天团"，和我们聊聊近期大家最关心的"庆历新政"。今晚线上直播，我们不见不散！从此刻截至今晚8点，写下你对"庆历新政"的意见，风华君将会在评论中抽取粉丝，送上范仲淹、欧阳修、韩琦等人的Q版签名照与抱枕一份哟！

转发3.6万　　**评论11万**　　　　点赞52万

赵祯

没想到"范仲淹们"这么受欢迎啊！朕都有点吃味了。但是看到大家对"庆历新政"有如此大的关注，朕又很高兴。大家积极写评论啊，获奖的粉丝，朕也有特别的礼物赠送哟！

> 风华大宋：天哪，我没有看错吧，官家竟然点赞了，还说要发礼物给大家，啊啊啊啊啊！
> 共4.5万条回复 >

希粉

大家好，我是范仲淹的忠实铁粉，从他修建捍海堰的时候就粉上他了，最喜欢他的一句名言：当官不为民做主，不如回家卖红薯。如今由他主持的庆历新政，又是一件改革民生的大好事呀！啥也不说了，范仲淹，我顶你！

> 风华大宋："当官不为民做主，不如回家卖红薯。"你确定这是范仲淹说的？？？
> 共2.3万条回复 >

**历代变法爱好者:**

讲真，历朝历代以来的变法，我看得多了，最著名如商鞅变法，变法的重点也是为了强大秦国，好与别国争雄。而范仲淹所列的新政纲领《答手诏条陈十事》，提出的十项改革主张，诸如厚农桑、减徭役、均公田，却是在切切实实以民为本，为民众谋福利。这样的改革家，我建议再来一打。

> 风华大宋：哈哈哈，说得真好，再来个范仲淹咱做不到，来个小礼品还是可以的！
>
> 共1.2万条回复 >

尽管庆历新政颇受民众欢迎，但最终因为限制了大官僚、大地主们的特权，遭到了强烈的反对与阻挠，以失败告终。范仲淹、富弼等改革主将黯然离岗，新政戛然而止。

# 四、烈士暮年，壮心不已

　　庆历新政失败后，范仲淹被贬邓州，即便苦心经营的变法惨遭反对，即便他已成衰飒老翁，但烈士暮年，壮心仍旧不已。

　　来到邓州的范仲淹，一心与民同乐同忧。他新修百花洲景区，创建春风阁、文昌阁，使之成为邓州第一名胜，无论达官显贵，还是寻常住民，都能自由出入，观赏美景。

　　他创建花洲书院，开邓州千年文运，此后英才辈出。

　　他写下千古绝唱《岳阳楼记》，哪怕处江湖之远，仍旧不忘国运兴衰。

　　他手书《伯夷颂》，以此表明自己特立独行、"穷天地、亘万世而不顾"的士君子精神始终不灭。

在去世后千年，人们每每提到范仲淹，提到他的《岳阳楼记》，想到的都是他的心忧万民、忠耿正直的形象。

范仲淹，已然成为一种士君子人格的最有力的形象代言人。

**导读**

宋仁宗庆历六年（1046年），57岁的范仲淹来到邓州（今河南邓州），创办花洲书院，重修百花洲、览秀亭，且对民众开放。当年九月十五日，应挚友滕子京之邀，他在花洲书院写下千古名篇《岳阳楼记》。

08:30

**朋友圈**

范仲淹

应好友滕子京邀请，为岳阳楼写一篇记文，先放到这儿给大家看看，喜欢的话就动动小手，点个赞吧！

……居庙堂之高则忧其民，处江湖之远则忧其君。是进亦忧，退亦忧。然则何时而乐耶？其必曰"先天下之忧而忧，后天下之乐而乐"乎！……

《岳阳楼记》全文

邓州

♡ 滕宗谅，晏殊，欧阳修，富弼

滕宗谅：希文兄，你把我夸得也太好了吧！😊

范仲淹回复滕宗谅：我可没有夸你，我只是实话实说。😊

欧阳修：范公，你要是出书的话，我肯定第一个买。这文笔，这胸襟，这气势，爱了爱了。

范仲淹回复欧阳修：行啊，咱俩搭配着卖，买我一本《岳阳楼记》，送一本《醉翁亭记》，你看咋样？

欧阳修回复范仲淹：告辞。😊

庆历四年（1044年），滕宗谅（滕子京）被贬至岳州（今湖南岳阳），重修岳阳楼。楼成之日，他邀请自己的好友范仲淹为之写记，这便有了千古绝唱《岳阳楼记》。

庆历七年春，滕宗谅病逝苏州，范仲淹另一好友尹洙也在这年病逝。范仲淹悲痛欲绝，为两人分别写下《祭尹师鲁舍人文》《天章阁待制滕君墓志铭》。

第三章 范仲淹：为文范仲淹，为官"铁憨憨"

哈哈哈！如果大宋词人有朋友圈·范仲淹和他的朋友们

**导读**

范仲淹喜饮酒，尤其在邓州期间，更是酒中有诗，诗中有酒，他甚至还专门写下一首诗记录邓州美酒千日醇的酿造工艺流程。从此，"斜杠青年"范仲淹又多了一个新技能——品酒大师。

朋友圈

范仲淹
最近常和朋友们一起诗酒唱和，很是快乐呀！但愿天下间的老百姓都能够像我们这样，时常享有盛宴，快快乐乐的。

作诗美嘉会，调高继无因。
但愿天下乐，一若樽前身。
长戴尧舜主，尽作羲黄民。
耕田与凿井，熙熙千万春。
——《依韵答提刑张太博尝新酝》节选

邓州

♡ 晏殊,欧阳修,张士逊,王洙,赵概

晏殊：希文你呀，走到哪里都还是改不了自己忧国忧民的性子。
范仲淹回复晏殊：是呀，这都变成习惯了。我寄给您的诗歌您收到了吗？百花洲的风景真是美呀，盼着您也能来看一看。
欧阳修：范公，这千日醇看起来很好喝的样子啊，改日我一定要来品品。
范仲淹回复欧阳修：哈哈，这一回你可是醉翁之意在酒了！
张士逊：老范呀，上次喝得真是痛快，我们再约！

晏殊在陈州时，范仲淹在邓州，晏殊收到了范仲淹的《献百花洲图上陈州晏相公》。后来，范仲淹又亲自去陈州拜访了晏殊。

张士逊、王洙、赵概等，都是范仲淹在百花洲宴请过的宾客。

宋仁宗皇佑三年（1051年），范仲淹升户部侍郎，调知青州。因冬寒病重，自请调知颍州。一年后（1052年），范仲淹终究没有熬过去，他去世了，享年63岁。

风华大宋
10分钟前

#范仲淹病逝# 颍州知州范仲淹，于昨日不幸病逝。😭😭😭
"先天下之忧而忧，后天下之乐而乐"的范仲淹，以其卓越的政绩、突出的文学造诣，以及仁人志士的思想和节操，影响了无数人。虽然人已经逝去，但他留给我们的那些思想和诗文，定会流传千古。

转发3.6万　　**评论4.8万**　　点赞31万

欧阳修
希文于我可谓亦师亦友，他的离去，令我悲痛万分。想哭，难受，不知道说点什么。为希文撰一篇《范仲淹神道碑》，谨以此纪念这位足以称得上"伟大"的人。

> 富弼：你写神道碑，那么墓志就交给我吧！

赵祯
希文这一生，兢兢业业，鞠躬尽瘁，为天下百姓、为大宋社稷呕心沥血，真乃当世大贤。他这一去，是我大宋的损失。
朕亲书碑额"褒贤之碑"，加@欧阳修之文，又有@王洙书丹，愿我大宋能有更多希文这样的贤良之臣。

王洙
希文此一去，着实令人扼腕叹息。我能做的不多，唯有一字一句、一笔一画，把神道碑写好，这才不辱没希文的名声。

范仲淹去世后，《范仲淹神道碑》由欧阳修撰文，王洙书写。

王洙，范仲淹好友，应天府人，与范仲淹在应天府书院时期是同事，擅长书法。

# 五、假如历朝历代改革变法者有个聊天群

　　《周易·系辞》中有这样一句话："穷则变，变则通，通则久。"意思是说，事物发展到了极点，就要发生变化，才会使事物的发展不受阻塞，事物才能不断地发展。历史的发展亦是如此。

　　在两千多年的封建社会中，发生过无数次变法改革，它们有的成功了，有的失败了，但不容置疑的是，正是由于改革变法者们的革故鼎新，对旧有秩序与制度的一次次大胆冲决，我们的历史与文明才得以始终向前。

　　那么，我们不妨大胆设想一下，假如历朝历代的改革变法者们有个微信聊天群，他们会聊些什么？又会碰撞出怎样的火花呢？大家拭目以待！

吴起

大家好，我叫吴起，来自诸侯割据、征战不已的战国。

商鞅

大家好，我叫商鞅，同样来自诸侯割据、征战不已的战国。

范仲淹

大家好，我叫范仲淹，来自经济最发达、文化最昌明、思想最繁荣的大宋。

张居正

大家好，我叫张居正，来自中国历史上最后一个由汉人建立的大一统王朝——大明。

康有为

大家好，我叫康有为，来自中国最后一个封建王朝——大清。

吴起

我在楚国主持了变法，我的变法使得楚国以超级强国的姿态站在了国际政治的舞台上。南平百越，北并陈、蔡，却三晋，西抗秦，诸侯皆患楚之强。

‹ 　历朝历代改革变法者微信聊天群(6)　···

 商鞅

> 我在秦国主持了变法，我的变法，使得秦国国力显著上升，最终翦灭六国，建立了中国历史上第一个专制主义中央集权制帝国——秦王朝，实现了大一统。

商鞅

> 你的楚国是被我大秦国灭了的哟！@吴起

 吴起

>

 范仲淹

> 我在仁宗朝主持了庆历新政，有效地改革了吏治，改善了北宋的政治腐败状态。

 张居正

> 我在神宗朝主持了万历新政，有力地抑制了豪强，澄清了吏治，安定了民心。

 康有为

> 我在光绪年间主持了戊戌变法，学习西方科学文化、政治制度，推动了社会的进步和思想文化的发展。

吴起
我的必杀技是"一切为了'强兵',一点点多疑,加上一点点心狠"。

商鞅
我的必杀技是"严刑峻法、强国弱民"。

范仲淹
我的必杀技是"一切为了人民,人民开心了,我就开心了"。

张居正
我的必杀技是"一条鞭在手,天下我有"。

康有为
我的必杀技是"一切向西方学习,向西方学习一切"。

吴起
我原是一个富二代,家中有个小金库,可惜被我败光了。

商鞅
我原是卫国贵族,身份高贵。

第三章 范仲淹：为文范仲淹，为官「铁憨憨」

115

**范仲淹**

我原是……呃，我原是学霸，因为我学习刻苦勤奋，还为后世留下了一个"划粥断齑"的好榜样。

**商鞅**

我也曾为后世留下过一个成语——徙木立信，后人还曾写诗夸我"自古驱民在信诚，一言为重百金轻。今人未可非商鞅，商鞅能令政必行"。

**王安石**

我知道，夸你的人就是我。

**范仲淹**

小王呀，你咋才来呢？我们都聊好久了。

**王安石**

范公，咱俩好久不见啦！

**商鞅**

这位是？

**王安石**

大家好，我叫王安石，是范公的后辈。我在宋神宗朝主持了熙宁变法。我的变法虽然最终因守旧派的合力反扑而失败，新法多被废黜，但对生产的发展，一定程度上扭转了宋朝积贫局势。

**张居正**

我从小就是神童，在神宗朝更是独揽大权，被誉为"明代唯一的大政治家"。

**康有为**

这句称誉我知道，是我好友梁启超说的。

**吴起**

我有一个悲惨的结局，在我的支持者楚悼王去世后，我被宗室大臣围攻，万箭穿心而死。

**商鞅**

我也有一个悲惨的结局，秦孝公去世后，新君即位，我竟惨遭车裂之刑。

**历朝历代改革变法者微信聊天群(6)** ...

张居正

我也有一个悲惨的结局，生前我位列首辅，死后却险些遭遇开棺鞭尸，亲人更是或被饿死，或遭流放。🐷

王安石

我的结局还好，虽被罢相，但终究得以颐养天年，享年66岁。

康有为

我的结局也还行，享年69岁，只可叹随同我一起变法的兄弟们，大都悲惨死去。

范仲淹

我的结局也还不错，死后皇帝亲自为我篆写碑额，谥号"文正"，乃文臣谥号之最。

吴起

输了。

商鞅

输了。

张居正

好吧，你赢了。

第四章

晏殊晏几道：
词坛父子兵，
宰相与浪子

# 晏殊

**姓名** 晏殊

**朝代** 北宋

**职务** 集贤殿大学士

**身份** 词人

**字** 同叔

**籍贯** 抚州临川（今江西抚州）

# 晏几道

**姓名** 晏几道

**朝代** 北宋

**职务** 乾宁军通判

**身份** 词人

**字** 叔原

**籍贯** 抚州临川（今江西抚州）

老话说："打仗亲兄弟，上阵父子兵。"如果说起北宋文坛的"父子兵"，想必很多人脑海中首先浮现出的身影就是苏洵与苏轼、苏辙父子。毕竟，"三苏"的名头太大，尤其苏轼，更是当时数一数二的大人物。

但如果把范围缩小一点，精确到北宋词坛，很多人可能会给出一个这样的答案：晏殊、晏几道父子。

晏殊（991—1055），字同叔，谥号元献，抚州临川（今江西抚州）人，北宋政治家、文学家，有《珠玉词》传世。

晏几道（1038—1110），字叔原，号小山，抚州临川（今江西抚州）人，晏殊的第七个儿子，有《小山词》传世。

"二晏"的名头，在北宋词坛真的是太响了。父子二人都是神童，都是婉约派词坛大家。父子二人看似有很多共同点，但他们的人生轨迹却完全不同。

一个是经略天下的宰相词人，一个是醉卧花丛的浮萍浪子，父子两代的故事，两个性格完全不同的人的爱恨情仇，似乎在映衬着北宋文坛的一切。

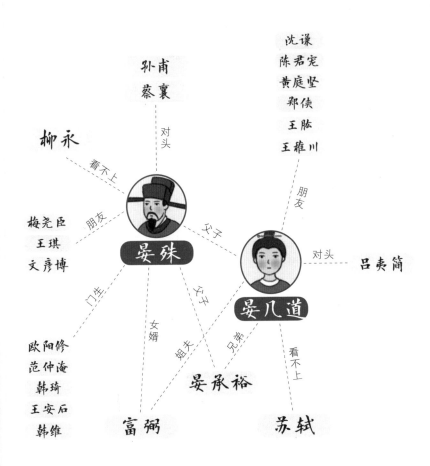

晏殊晏几道关系图

孙甫 蔡襄

沈谦
陈君宠
黄庭坚
郑侠
王肱
王雍川

柳永

看不上

对头

朋友

对头 吕夷简

梅尧臣
王琪
文彦博

朋友

晏殊

父子

晏几道

门生

父子

看不上

女婿

姐夫

兄弟

欧阳修
范仲淹
韩琦
王安石
韩维

富弼

晏承裕

苏轼

# 一、太平宰相晏殊

在北宋词坛上，晏殊绝对是一个星光闪闪的存在。

他少年时就有"神童"的美誉，14 岁就得到了宋真宗赏识，赐同进士出身。此后为官数十载，一路做到宰相，过着富贵悠游的生活。

与同时代许多词人相比，晏殊的仕途通达多了。

做官做得好，作为词人，晏殊也是顶流的存在，既有流量，又有实力。在北宋文坛上，晏殊一直处于中心地位，更是被后世尊为"北宋倚声家初祖"。

而且，晏殊还有一个非常好的爱好——提携后辈。欧阳修、范仲淹、王安石，这些后来在北宋掀起波澜风云的词人、军事家、政治家，都曾是晏殊的门生，受过他的提携。

可以这样说，如若没有晏殊的存在，或许整个大宋朝的历史将会换一种画风。

我们的故事，要从晏殊 36 岁时开始讲起。天圣五年（1027 年），为了让宋仁宗看清形势，告诫他不要在没有实际掌权的时候触怒刘太后，作为老师的晏殊，故意触怒刘太后，从而被贬知宣州，数月后改知应天府（今河南商丘）。在那里，他曾大办学校，培养人才。

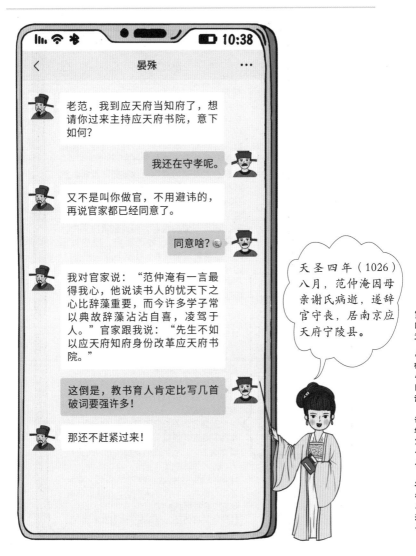

10:38

晏殊

老范，我到应天府当知府了，想请你过来主持应天府书院，意下如何？

我还在守孝呢。

又不是叫你做官，不用避讳的，再说官家都已经同意了。

同意啥？

我对官家说："范仲淹有一言最得我心，他说读书人的忧天下之心比辞藻重要，而今许多学子常以典故辞藻沾沾自喜，凌驾于人。"官家跟我说："先生不如以应天府知府身份改革应天府书院。"

这倒是，教书育人肯定比写几首破词要强许多！

那还不赶紧过来！

天圣四年（1026）八月，范仲淹因母亲谢氏病逝，遂辞官守丧，居南京应天府宁陵县。

在应天府待了几年后，晏殊回到了朝廷，并很快担任了副宰相。但到了宋仁宗宝元元年（1038年），晏殊又因谏阻太后"服衮冕以谒太庙"而被贬，直至五年后才从陈州还京担任御史中丞三司使。

**晏殊**

今年一整年心情不错，在陈州憋了五年，总算是回来了。

想当年，鄙人作为一代神童，虽然入朝时遭到寇准那"老梆子"的地域歧视，但最终还是毫无阻碍地入了朝廷。

或许是太过顺风顺水，我被贬了五年。那时身在陈州，看不到希望和未来，让我不禁想起曾经写过的那首《蝶恋花》：

槛菊愁烟兰泣露，罗幕轻寒，燕子双飞去。明月不谙离恨苦，斜光到晓穿朱户。昨夜西风凋碧树，独上高楼，望尽天涯路。欲寄彩笺兼尺素，山长水阔知何处。

如今，我总算是回来了。不光回来了，我家还添了一儿子，在我家排行老七，我给他取名晏几道。

汴京 　　　　　　　　••

♡ 欧阳修,范仲淹,梅尧臣,韩琦

欧阳修：恭喜恭喜，看贵公子面相，未来必定也是个文坛大家！

晏殊回复欧阳修：你这小嘴真是抹了蜜！

范仲淹：西夏人都打过来了，你还笑得出来？还作词？

晏殊回复范仲淹：又不是我给领来的，你和我闹啥呢？再说，我几年前写的老词碍着你啥了……亏我之前还提拔你，气死我了。😂

梅尧臣回复范仲淹：我劝您少说话，幸亏晏相公脾气好，换别人的话，怕是您因这张嘴又要被贬！😁

韩琦回复梅尧臣：当真是一眼看穿本质。

虽然很多人说晏殊是"太平宰相",但他并不是只会在太平年间混日子,真说起打仗也还是有些能力的。当时能把西夏击退,晏殊也着实在后勤上出了不少力。战后不久,晏殊的能力再次被上司看到。终于,他官拜宰相,位极人臣。

晏殊出巡扬州时,结识了当地的一个小主簿,名叫王琪。一次,晏殊告诉王琪,自己有一句诗"无可奈何花落去",一直想不出下句。王琪思索后回答:"何不对'似曾相识燕归来'?"晏殊听后连声叫绝。后来,这两句诗先是被用在了律诗《示张寺丞王校勘》中,后在《浣溪沙》中为人所熟知。

朋友圈

**晏殊**
人生啊,总是让人难以预料。前几年我还被贬陈州,如今却也是宰相兼枢密使了。女婿富弼出使辽国这几次可真是争气,严肃拒绝割地,简直大快人心!如今他也是副枢密使了,前途无量。
我本来寻思着我都宰相了,枢密使就退了吧,可皇上硬是不同意……唉,也不知道该说点啥,做官也成了烦恼。作一首《浣溪沙》聊以消遣。
一曲新词酒一杯,去年天气旧亭台。夕阳西下几时回?
无可奈何花落去,似曾相识燕归来。小园香径独徘徊。

汴京 ··

♡ 范仲淹,韩琦,富弼,王琪,王安石

范仲淹: 老铁们,庆历新政求支持!
晏殊回复范仲淹: 你这广告咋打在我朋友圈下面了……
范仲淹回复晏殊: 你朋友圈人气高啊!
王琪: 这"似曾相识燕归来"不是我对的吗?
晏殊回复王琪: 对,就你对的那句!我觉得挺好,就放我自己词里了。
王安石: 鄙人新进进士王安石,晏相公还记得我吗?
晏殊回复王安石: 记得记得,你小子有前途,有时间一起喝酒,哈哈哈。

哈
哈
哈
哈
！
如
果
大
宋
词
人
有
朋
友
圈
·
范
仲
淹
和
他
的
朋
友
们

晏殊的一生，提携了许多后辈。他身居要位，却平易近人，唯贤是举，欧阳修、范仲淹、王安石、韩琦、富弼，这些后来在北宋掀起波澜风云的词人、军事家、政治家，都曾受过他的提携。身居宰相位置的那些年，他家的门槛，没少被踏破，然而有时也挺心塞的……

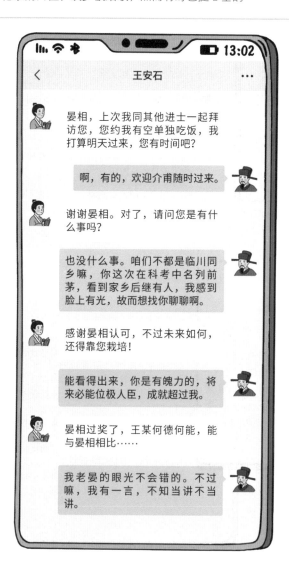

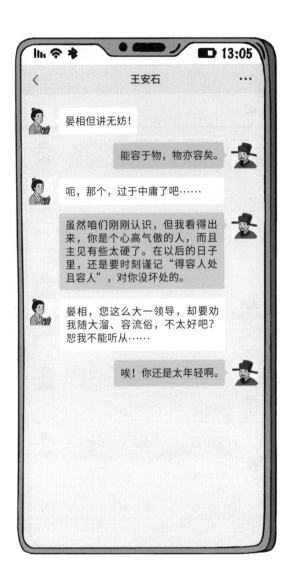

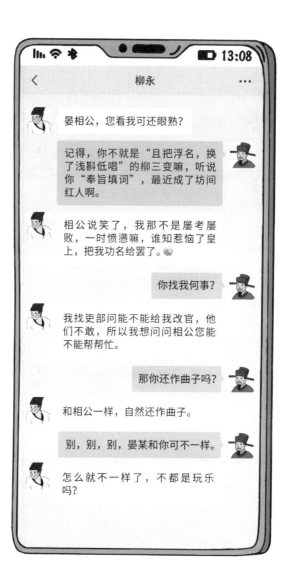

晏相公，您看我可还眼熟？

记得，你不就是"且把浮名，换了浅斟低唱"的柳三变嘛，听说你"奉旨填词"，最近成了坊间红人啊。

相公说笑了，我那不是屡考屡败，一时愤懑嘛，谁知惹恼了皇上，把我功名给罢了。

你找我何事？

我找吏部问能不能给我改官，他们不敢，所以我想问问相公您能不能帮帮忙。

那你还作曲子吗？

和相公一样，自然还作曲子。

别，别，别，晏某和你可不一样。

怎么就不一样了，不都是玩乐吗？

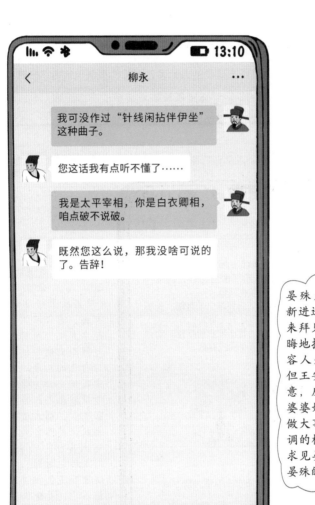

我可没作过"针线闲拈伴伊坐"这种曲子。

您这话我有点听不懂了……

我是太平宰相，你是白衣卿相，咱点破不说破。

既然您这么说，那我没啥可说的了。告辞！

晏殊为相期间，新进进士王安石来拜见，晏殊隐晦地提醒他：得容人处且容人。但王安石并不为意，反以为晏殊婆婆妈妈，不能做大事。困于选调的柳永也上门求见晏殊，受到晏殊的讥嘲。

**导读**

虽然位极人臣，但每天要见的人太多，要想的事情也太多，晏殊有点应接不暇。更心塞的是，晏殊莫名其妙地被牵扯进那段被无数剧作家、小说家津津乐道的"狸猫换太子"事件，各种压力让他决定，放下现有的一切。

 **晏殊**
人生总是难以预料。这宰相做得好好的，突然被贬。作一首《木兰花》，就这样吧，话不多说，都在词里。
燕鸿过后莺归去，细算浮生千万绪。长于春梦几多时，散似秋云无觅处。
闻琴解佩神仙侣，挽断罗衣留不住。劝君莫作独醒人，烂醉花间应有数。

颍州

♡ 范仲淹，欧阳修，王安石，富弼，孙甫，蔡襄

范仲淹：一定要放松心态，想开一些。官场嘛，自然是起起伏伏的。
欧阳修：一下子到颍州了？
晏殊回复欧阳修：是啊，颍州知州。
王安石：您能容物，物未必容您。所以说啊，不能给对手留太多机会，否则倒霉的是自己。
富弼回复王安石：怎么说话呢？阴阳怪气的，举报了！
孙甫：啧啧，说得比唱得都好听，你自己给李宸妃撰墓志铭没弄明白得罪了皇上，这咋还赖官场了？
蔡襄回复孙甫：给你点一百个赞。

仁宗庆历四年（1044年），晏殊再遭贬谪，原因与后世民间的《狸猫换太子》故事有关。宋仁宗的生母是李宸妃，而刘太后却将刚出生的仁宗据为自己的儿子。后来李宸妃去世，晏殊奉命撰写墓志。当时仁宗年少，刘太后执掌大权，晏殊自然不能写出真相。一年后，刘太后也逝世，仁宗这才知道真相，他愤怒不已，晏殊被罢职贬谪。

晏殊作为北宋早期词坛大家——"北宋倚声家初祖"（冯煦《蒿庵论词》），一生写下了许多的名作。他的词作吸收了"花间派"和南唐冯延巳等人的典雅流丽词风，开创了北宋婉约词风。

13:14

< 朋友圈 📷

 **晏殊**
闲来无事，贴两首旧作。
《破阵子》
燕子来时新社，梨花落后清明。池上碧苔三四点，叶底黄鹂一两声。日长飞絮轻。
巧笑东邻女伴，采桑径里逢迎。疑怪昨宵春梦好，元是今朝斗草赢。笑从双脸生。
《浣溪沙》
一向年光有限身，等闲离别易销魂。酒筵歌席莫辞频。
满目山河空念远，落花风雨更伤春。不如怜取眼前人。

♡ 范仲淹,欧阳修,王安石,富弼

富弼：岳丈的词写得真好！人家都说您只会写富贵闲愁，我看您这首《破阵子》却是清新可喜。

欧阳修：晏相公这第一首确实清新可喜，但论佳句却不如第二首，"不如怜取眼前人"，真至理也。韶华易逝，人生苦短，我等还得珍惜这美好人间！

范仲淹：晏兄这两首词风格虽有区别，但在我看来还是有点小家子气，我还是喜欢我的《渔家傲》《苏幕遮》那种大气一点的风格。

柳永：晏相公虽然看不起我的词，但我要说，你写的基本都是小令，长调你绝对写不赢我。当今词坛，晏、范、柳当三足鼎立！

晏殊词以小令（58字以内的词）为主，被后世认为是北宋专攻令词并以此名世的第一人。而柳永则大量创作长调（91字以上的词），并且是第一个大量创制慢词（调长、拍缓的词，大多属于长调）的人。柳永大力创作慢词，从根本上改变了唐五代以来词坛上小令一统天下的格局，使慢词与小令两种体式平分秋色。

# 二、从富二代到浪子

　　老一辈的辉煌终将过去，这世界归根结底还是属于年轻人的。晏殊年纪逐渐大了，他的儿子晏几道逐渐开始崭露头角。那时的晏几道，还没有什么压力，只是一个快快乐乐的官二代，过着自由自在的快乐生活。

　　也许是应了"虎父无犬子"这句话，晏几道年少的时候，也是个小神童，诗文俱佳，受到无数人的美誉吹捧。他以为富贵的生活会一直这样持续下去，却没想到人生的变故来得那么快。

　　晏几道17岁时，父亲去世，唯一的靠山倒了。从此，他富家子弟的生活也结束了。贫困、飘零、冷眼，成了他后半生的所有基调。他这才明白，什么叫作繁华成空，什么叫作世态炎凉。

　　带着对这个世界的失望，他决心做一个浪子，在风花雪月间，忘掉所有的痛苦，用孤傲与疏狂，在自己与世界间建立起一堵厚厚的围墙。

还没等做些什么，晏殊的宰相生涯就草草结束了，以至于很多人误以为他只是个没什么能力，只会饮酒作词的混子宰相。从颍州到陈州，又从永兴到河南，晏殊开始了他的京外漂泊之旅。在这个过程中，他家七子晏几道也逐渐长大，并逐渐在词坛崭露头角。

**晏殊**
我家老七总算长大了。虽然跟我到处漂泊，但他也算是健健康康成长起来了。毕竟是七岁能作文、十四岁就参加科举的神童，虽然比我稍微差点，但也算是不错了。
这小子最近认识了个女孩子，写了首《临江仙》，我觉得还不错。
斗草阶前初见，穿针楼上曾逢。罗裙香露玉钗风。靓妆眉沁绿，羞脸粉生红。
流水便随春远，行云终与谁同。酒醒长恨锦屏空。相寻梦里路，飞雨落花中。

永兴

♡ 欧阳修,富弼,王安石,文彦博

欧阳修：有一说一，这词还真不错，今年才十五岁吧？
晏殊回复欧阳修：是啊，十五了。
富弼：我这小舅子可以啊，文化水平高！
晏殊回复富弼：你也不看看他是谁儿子。
王安石：时光如水，岁月如梭，晏几道一下子都这么大了。唉，我又想起老范了。
晏殊回复王安石：你是不是又憋着劲要去变法了？
王安石回复晏殊：您咋知道的……
文彦博：我感觉我也重走了你的老路，被罢相之后也是被贬出去到处飘……
晏殊回复文彦博：说不定过两年你就被发永兴了，哈哈哈！

此年是公元1052年，贺铸生，范仲淹卒。

文彦博，字宽夫，历仕仁宗、英宗、神宗、哲宗四朝，是北宋的一代名臣。

仁宗至和二年（1055年），晏殊去世了，晏几道开始跟随二哥晏承裕生活。在晏殊去世后，晏几道的家境急转直下，富家子弟的生活结束了。

**晏几道**
我父亲生前常常说："人生啊，总是难以预料。"
看看我的人生，似乎还真的是这样。本来我这衣食无忧啥都不操心的日子过得挺好，可当我父亲一去世，曾经那些看似理所应当的生活，瞬间就没了。
曾经门庭若市，如今人走茶凉。唉，人心啊，呵呵！作一首《南乡子》，就这样吧！
新月又如眉，长笛谁教月下吹？楼倚暮云初见雁，南飞。漫道行人雁后归。
意欲梦佳期，梦里关山路不知。却待短书来破恨，应迟。还是凉生玉枕时。

汴京

♡ 欧阳修,晏承裕,沈廉叔,陈君宠

欧阳修：唉，别难过了，这世上总是有真诚的人的。
晏几道回复欧阳修：但愿吧……
晏承裕：没办法，这个时代啊就是这样。用得着你的时候，全是人；用不着你的时候，谁也不搭理你。
晏几道回复晏承裕：唉，太难了。我是真的不想搭理这帮人，看着就烦。
沈廉叔：别难过了，来我家喝酒！
陈君宠回复沈廉叔：咱一块儿攒局啊，弄个歌舞大会。
晏几道回复陈君宠：我爸刚死，你就要弄歌舞大会，像话吗？

沈廉叔、陈君宠，均是晏几道的友人。几人常相聚饮酒听曲。

**导读**

接下来的几年，晏几道基本上没做什么有意义的事，除了喝酒就是写词，完全不像其他文人那样积极入仕或者拜访一些名人之类的。英宗治平元年（1064 年），朋友稀少的晏几道，总算是交了两个新朋友。

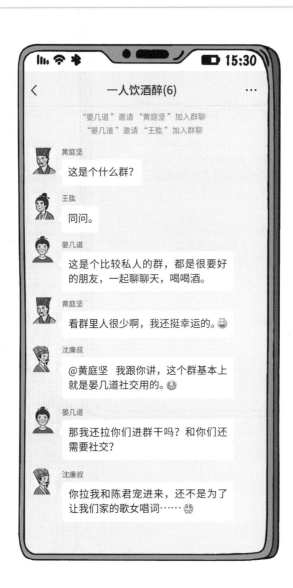

**陈君宠**
沈廉叔说得对啊！

**王肱**
@晏几道 哈哈哈，你可以啊！天天耷拉着一张脸，原来你是内秀啊！

**黄庭坚**
@晏几道 哈哈哈，你可以啊！天天耷拉着一张脸，原来你是内秀啊！

**晏几道**
@黄庭坚 你个复读机……有复读群消息的时间去复读复读课本不好吗？你今年考试啥样心里没点数吗？

**黄庭坚**
毕竟第一次考试没经验嘛……我这学问，下次肯定没问题的…… 😂

仁宗嘉祐八年（1063年），宋仁宗驾崩，赵曙继位，是为宋英宗。第二年，19岁的黄庭坚入京师参加科举考试，可惜落第，与晏几道、王肱等人结交，常携酒共饮。

虽然交上了几个朋友，可晏几道依旧对仕途没什么兴趣，也非常反感接触那些有权有势的人。在他眼里，那些人都是小人，不值得一交。眼看着姐夫富弼和被他爹提拔起来的王安石都做了宰相，欧阳修混得也不错，晏几道却从来没想过去借助他们的权势让自己日子过好一点，他依旧混一天算一天。

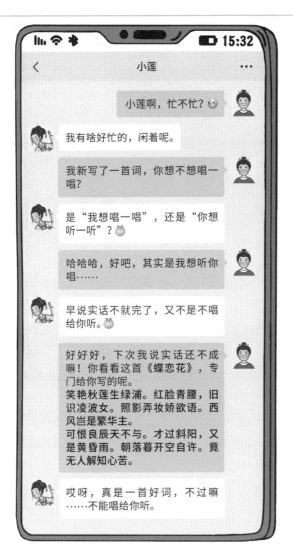

> **小莲**
>
> 小莲啊，忙不忙？ 🙂
>
> 我有啥好忙的，闲着呢。
>
> 我新写了一首词，你想不想唱一唱？
>
> 是"我想唱一唱"，还是"你想听一听"？ 🐱
>
> 哈哈哈，好吧，其实是我想听你唱……
>
> 早说实话不就完了，又不是唱给你听。 🐱
>
> 好好好，下次我说实话还不成嘛！你看看这首《蝶恋花》，专门给你写的呢。
> 笑艳秋莲生绿浦。红脸青腰，旧识凌波女。照影弄妆娇欲语。西风岂是繁华主。
> 可恨良辰天不与。才过斜阳，又是黄昏雨。朝落暮开空自许。竟无人解知心苦。
>
> 哎呀，真是一首好词，不过嘛……不能唱给你听。

宋神宗熙宁六年（1073 年），晏几道又交了一个好朋友，还是一个当官的好朋友，名叫郑侠。这对晏几道来说，可是一件很新鲜的事，毕竟他一直以来总躲着那些当官的人。可他没想到，好不容易交了个当官的朋友，自己却因为这个朋友倒了大霉。

📷　　　关注●　**推荐**　🔲　➕

推荐　　星座　　同城　　榜单　　国际　｜＋

**正义青年** **汴京正义青年联盟**
25分钟前

#晏几道入狱# 近日，郑侠以一己之力击败王安石"青苗法"的传奇事迹广为流传。但因得罪新党，也以绘《流民图》《正直君子邪曲小人事业图迹》为由被抓了起来。
此事已引起无数群众不满，但新党依旧嚣张。前宰相晏殊之子晏几道也因赠送郑侠一首诗，而被抓入大牢。
众所周知，晏几道无心政治，因赠友人一首诗而入狱，实在不公，我等在此强烈抗议！@御史台官微

转发55万　　**评论 3.2万**　　点赞 56万

 王安石
虽然郑侠之前一直反对我，但我知道，他是个全心全意为了大宋和人民的人。即使我已经退休了，我还是支持郑侠！

↗　💬　👍 68456

 小山粉丝团
晏几道所作那首《与郑介夫》明明没有任何问题，新党此举太过分！不信大家读一读原诗，没有一点不和谐的地方：
小白长红又满枝，筑球场外独支颐。春风自是人间客，主张繁华得几时？

↗　💬　👍 45894

宋神宗熙宁七年（1074 年 ）春，晏几道作《与郑介夫》诗赠郑侠。是年四月，郑侠因绘《流民图》《正直君子邪曲小人事业图迹》上奏，指斥新法弊端而下狱。晏几道因赠诗而受牵连，在十一月下狱，不久释出。

晏几道被关没多久就放出来了。毕竟，就算新党势力再大，终究还是要讲法律的，而晏几道也确实没犯啥实质性的错误。可这一趟监狱行程，让晏几道对官场愈加厌恶。此后数年间，他更加不问世事，天天游山玩水，喝酒写词。

**晏几道**
距离入狱已经过去好几年了，刚出来那会儿我还常常骂街，此时已然年逾四旬的我却觉得，当时被抓起来那场闹剧并不是什么坏事。倘若没有那次，我可能还不会像现在一样坚定地反对做官这件事。天天钩心斗角、拉帮结派，不累吗？是酒不好喝还是舞不好看？
给小苹写了一首《木兰花》，听她唱唱歌，不比当官香？
**小鬟若解愁春暮。一笑留春春也住。晚红初减谢池花，新翠已遮琼苑路。**
**涧裙曲水曾相遇。挽断罗巾容易去。啼珠弹尽又成行，毕竟心情无会处。**

汴京

♡ 黄庭坚,王稚川,沈廉叔,陈君宠,小莲

黄庭坚：有一说一，你这日子过得真挺舒坦的，有点怀念头些年我考试没过那阵子，咱们一起天天喝酒的场景。
晏几道回复黄庭坚：我也回忆起那个时候了，可惜王肱已经去了，就剩下咱俩了。
王稚川回复晏几道：什么叫"就剩下你俩"，我不是人啊？
沈廉叔回复王稚川：可能你在他眼里真的不是人。哈哈哈。
晏几道回复沈廉叔：你快闭嘴吧你！
陈君宠回复沈廉叔：哈哈哈，你是专业拆台啊！

王稚川，晏几道的朋友。

宋神宗熙宁十年（1077年），王肱卒，晏几道为其文作序（今亡佚）。

# 三、官场现形记

晏几道终究还是当官了，可他这个官当得却不怎么顺心。

官场间来来往往，少不了人际关系的维护。把人际关系搞好了，仕途上才能少些阻碍。就像晏殊，面对朝堂起起落落的政治斗争，愣是好端端地做了几十年的太平宰相，大家还都仰慕他、夸赞他。

可晏几道就不如他爹，他这个人太"痴"、太傲，也太狂。

既然当官了，好歹你得按着官场规矩办事吧？晏几道却完全不按官场规矩来。这样一来，就得罪了一大票人。

导读

晏几道不想做官，但有些时候，不想做也得做，比如皇帝直接封你一个官。元丰五年（1082年），神宗皇帝过生日，让晏殊作一首词。这事不能推辞，只能去作，可没想到这一作，皇帝十分满意，给他封了个小官，去颍昌。恰好，颍昌还有个熟人，是不是应该有个照应？

晏几道

终于到颍昌了，这一路车马颠簸，也够累人的。不过也还好，到颍昌就有熟人了，知府韩维可是我父亲的弟子，肯定会对我照料一二。再加上我的才华，想必任何一个人当我的上司，都很难反感我。不过话虽如此，规矩还是得讲，去拜访韩维好歹也得写个诗词之类的，当个见面礼。所以，我送上一首《浣溪沙》：

铜虎分符领外台。五云深处彩旌来。春随红旆过长淮。

千里袴襦添旧暖，万家桃李间新栽。使星回首是三台。

颍昌

♡ 黄庭坚,郑侠,韩维

黄庭坚：哈哈哈，万万没想到，天天喊着不做官的晏几道，居然也去做官了，还写了词去拜访上司！

晏几道回复黄庭坚：其实我真不想做官的，可皇帝说已经决定了，一定要让我做官，所以我没办法才来的颍昌……既然都已经当官了，自然要按规矩办事……

黄庭坚回复晏几道：天底下那么多想当官当不上的人，看你这话怕不是要骂死你。

郑侠：既然做官，那就踏踏实实做，不论官职大小，可能和以前一样混日子了。做一个高尚的人，一个纯粹的人，有益于人民的人。

晏几道回复郑侠：得了吧你！

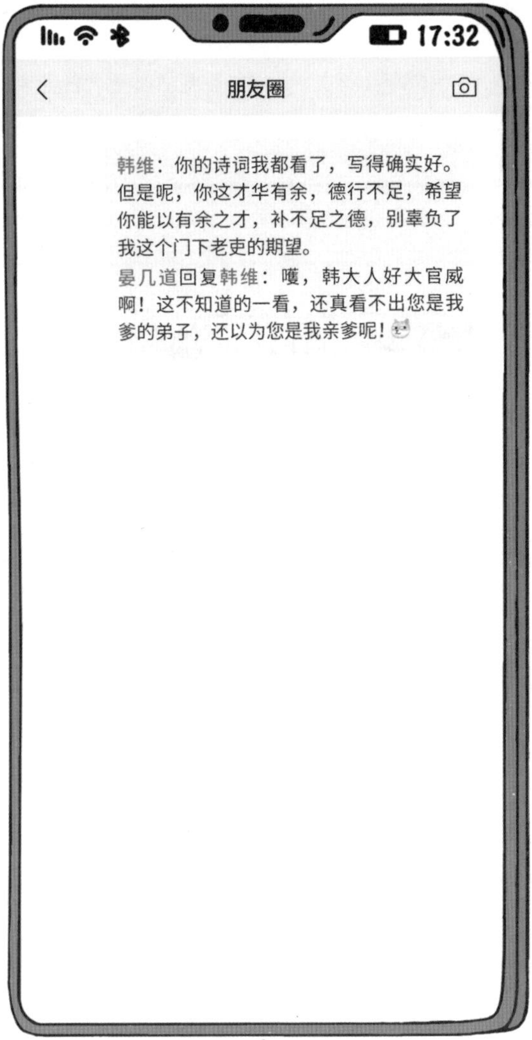
17:32
朋友圈
韩维：你的诗词我都看了，写得确实好。但是呢，你这才华有余，德行不足，希望你能以有余之才，补不足之德，别辜负了我这个门下老吏的期望。
晏几道回复韩维：嚄，韩大人好大官威啊！这不知道的一看，还真看不出您是我爹的弟子，还以为您是我亲爹呢！

## 导读

哲宗元祐元年（1086年），48岁的晏几道终于调任回京。不过人是回来了，京城已不再是当年的京城。王安石、司马光这对死对头在这年都去世了，可新党旧党的争斗却还在延续。晏几道知道，官场上的这些争斗不适合他，他还是适合喝酒写词。

lll 令 ✦                    ▭ 17:40

‹                朋友圈                📷

**晏几道**

官场啊，真的是太难了。现在越发佩服我父亲了，以前一直以为他只是写诗作文啥的比我更好点，可现在才发现，在官场上能混成他那样，真不是一般人能做到的。我干这行是真不灵，这一回京，还是踏踏实实去找陈君宠攒局喝酒去吧！

汴京                                    ᐧᐧ

♡ 陈君宠，黄庭坚，郑侠，小苹，小莲，小鸿，小云

陈君宠：唉，我现在攒局也费劲了，一身的病，酒是不敢喝了……

晏几道回复陈君宠：没事，你喝不成我自己张罗。

陈君宠回复晏几道：哈哈哈，你小子别跟我装了。

黄庭坚：我记得之前和你一起攒局的还有个沈廉叔吧？

晏几道回复黄庭坚：唉，可怜可叹，沈廉叔已然故去了。为了纪念他，我还作了一首《临江仙》：

东野亡来无丽句，于君去后少交亲。追思往事好沾巾。白头王建在，犹见咏诗人。学道深山空自老，留名千载不干身。酒筵歌席莫辞频。争如南陌上，占取一年春。

黄庭坚回复晏几道：说真的，你的词写得确实好。我老师也喜好作词，总是跟我提想见你，回头有时间你们可以见一见。

郑侠：只可惜我不在京里，不然我一定得和你喝一个！

晏几道回复郑侠：嗨，被贬而已，多大点事啊，你看这不就熬过去了。

晏几道返京后，继续在沈廉叔、陈君宠两家听歌饮酒，重遇小苹等人，写下《鹧鸪天》：
彩袖殷勤捧玉钟，当年拚却醉颜红。舞低杨柳楼心月，歌尽桃花扇底风。
从别后，忆相逢。几回魂梦与君同。今宵剩把银釭照，犹恐相逢是梦中。
不久后，陈君宠卧疾，沈廉叔卒。小莲等也流转人间。晏几道感怀往昔，不胜惆怅。是年有多首词。
《临江仙》
梦后楼台高锁，酒醒帘幕低垂。去年春恨却来时。落花人独立，微雨燕双飞。
记得小苹初见，两重心字罗衣。琵琶弦上说相思。当时明月在，曾照彩云归。
此年王安石去世，司马光去世。

144

导读

黄庭坚的老师苏轼，一直想见见晏几道，毕竟他二人文采都高，而且年纪相仿，渊源颇深。晏几道朋友少，也不喜欢见人，想拜访他可不是一件容易的事。苏轼寻思，毕竟黄庭坚和晏几道关系极好，通过黄庭坚见一见晏几道，应该可行。

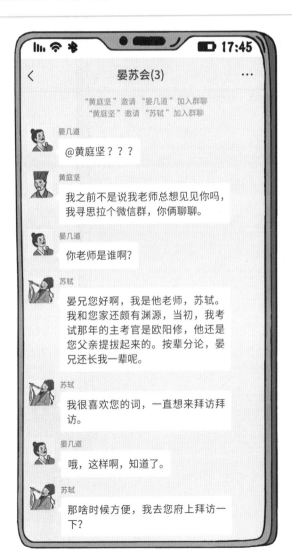

晏苏会(3)

 晏几道

你看啊，现在这朝堂上，有几个和我家没点关系的？一大半都是旧日门客！他们我可都没见……

 苏轼

这天我还咋聊……

 晏几道

别聊了呗，多简单！

 黄庭坚

@晏几道 你看你，都50多岁的人了，咋这么大火气……

 晏几道

我跟你讲，再瞎给我拉群，小心我收拾你！

苏轼仰慕晏几道的才华，一直希望结识，请黄庭坚代为致意。但晏几道回绝道："今政事堂中半吾家旧客，亦未暇见也。"语气颇为倨傲。

时间就这么一年又一年地过去，晏几道的名气虽然越来越大，生活却非常潦倒。直到宋徽宗崇宁四年（1105年），67岁的晏几道由乾宁军通判调任开封府推官，生活总算见了点起色。

晏几道

时间过得真快啊，转眼间我就快七十了。回忆起这些年来的起起伏伏，真的是让人感慨万千。

不过人都到了这个年纪，能踏踏实实吃个饱饭，睡个暖床，就知足了。什么名啊利啊，都是虚的。

前几日有感而发，作了这首《武陵春》：

九日黄花如有意，依旧满珍丛。谁似龙山秋兴浓，吹帽落西风。

年年岁岁登高节，欢事旋成空。几处佳人此会同，今在泪痕中。

汴京　　　　　　　　　　··

♡ 郑侠

郑侠：人啊，到了这个年纪，其实心态总会变得和年轻时不太一样。想当年，我也是快意恩仇，天天奔走疾呼，为民请命。如今在家踏踏实实写诗作文，也别有一番风味。

晏几道回复郑侠：是啊，我这心态也变了好多。倘若如今黄庭坚再给我拉朋友过来认识，说不定我也不会反驳，哈哈！

郑侠回复晏几道：你说话还是那么没谱，黄庭坚都死了，现在给你拉他"那边"的朋友，你敢见吗？😄

晏几道回复郑侠：你也学没谱了……🌀

崇宁五年（1106年），晏几道由于身体原因，提前申请退休了。此时的他已然看透了人生的一切，只想踏踏实实在家颐养天年。但权倾朝野的奸相蔡京托人找晏几道写词，他推辞不得，勉强写了两首《鹧鸪天》。

**晏几道**
本来朋友就少，这两年突然发现朋友们还都被发配外地了……以至于我想攒个酒局都攒不起来。想请我喝酒的人不少，但我想去的还真不太有。噢对了，想起一个，前几天重阳节蔡京请我去喝酒来着！
毕竟他这身份太大，不去也不合适。然而到了席上我才知道，其实他只不过是想找我写词。唉，当时我寻思写就写吧，不计较了，就作了一首《鹧鸪天》：
九日悲秋不到心，凤城歌管有新音。风凋碧柳愁眉淡，露染黄花笑靥深。
初见雁，已闻砧。绮罗丛里胜登临。须教月户纤纤玉，细捧霞觞滟滟金。

汴京

♡ 郑侠,蔡京

郑侠：你可真行啊，去给蔡京写词，全篇却一点不提蔡京，我看你是要倒霉。
晏几道回复郑侠：我都60多岁了，还能活几年啊，我有啥好怕的？
郑侠：你这脾气啊，倒是直……
晏几道回复郑侠：咱认识也不是两年三年了，我啥脾气你还不了解吗？！
蔡京：好词啊好词，看你这意思，能给写就已经是给我很大面子了，是不是？

宋徽宗大观四年（1110 年）九月，晏几道卒，享年 72 岁。

人生中最后一段时光，他作了他一生中最完美的一首词——或者说是他自己最喜欢的一首词——《长相思》。

> 长相思，长相思。若问相思甚了期，除非相见时。
>
> 长相思，长相思。欲把相思说似谁，浅情人不知。

这一辈子，他经历浮沉无数，从一个含着金汤匙出生的神童变成了流落天涯的浪子，但他生命中的最后一首词却根本不写这些酸楚，而是要写他的"长相思"。

如此痴人，恐怕世间也就这一位了。

关于他的"痴"，黄庭坚在《小山词序》中评价他有"四痴"：

> 仕宦连蹇，而不能一傍贵人之门，是一痴也；
>
> 论文自有体，不肯作一新进士语，此又一痴也；
>
> 费资千百万，家人寒饥，而面有孺子之色，此又一痴也；
>
> 人百负之而不恨，己信人，终不疑其欺己，此又一痴也。

这便是晏殊和晏几道父子，一个经略天下，一个醉卧花丛。不论是太平宰相晏殊，还是浮萍浪子晏几道，都过得极其有个性，而且都在词坛上留下了极大的名声。

晏殊的词作，吸收了南唐"花间派"和冯延巳的典雅流丽词风，开创北宋婉约词风，被称为"北宋倚声家初祖"，是宋代婉约词真正的开山祖师，一本《珠玉词》影响了无数人。

而他儿子晏几道，更是让小令词在宋初发展到一个高峰，让本来难登大雅之堂的很多东西，逐渐走上台面，被更多人所看重。

"二晏"的名头，直至如今依旧被许多人铭记，他们的作品也依旧被人们视若珍宝。或许很多人根本不知道他们这一生都做过什么，但他们那些精彩的作品，会被人们永远铭记。

# 重点诗词注解

李 煜 篇

## 1.《山花子》

菡萏①香销翠叶残，西风愁起②绿波间。还与韶光共憔悴，不堪看。
细雨梦回鸡塞③远，小楼吹彻④玉笙寒⑤。多少泪珠无限恨，倚阑干。

注释：

① 菡萏：荷花的别称。

② 西风愁起：西风从绿波之间吹起来。花叶凋零，故曰"愁起"。

③ 鸡塞：亦作鸡禄山。这里泛指边塞。

④ 彻：大曲中的最后一遍。"吹彻"意谓吹到最后一曲。

⑤ 玉笙寒：玉笙以铜质簧片发声，遇冷则音声不畅，需要加热，叫暖笙。

---

## 2.《后庭花破子》

玉树①后庭②前，瑶草③妆镜边。去年花不老，今年月又圆。莫教偏④，
和⑤月和花，天教长少年。

注释：

① 玉树：神话传说中的仙树。

② 后庭：指后宫。

③ 瑶草：指传说中的香草。

④ 偏：偏倚，偏失，指变化。

⑤ 和：共，同。

## 3.《清平乐》

别来春半①，触目柔肠②断。砌下③落梅④如雪乱，拂了一身还满⑤。
雁来音信无凭⑥，路遥归梦难成⑦。离恨恰如春草，更行更远还生⑧。

注释：

① 别来春半：自分别以来，春天已过去一半，说明时光过得很快。

② 柔肠：原指温柔的心肠，此指绵软情怀。

③ 砌下：台阶下。

④ 落梅：指白梅花，开放较晚。

⑤ 拂了一身还满：指把满身的落梅拂去后又落了满身。

⑥ 无凭：没有凭证，指没有书信。

⑦ 归梦难成：指有家难回。

⑧ 更行更远还生：更，越。更行更远，指行程越来越远。还，仍然，还是。
　　还生，还是生得很多。

## 4.《临江仙》

樱桃①落尽②春归去，蝶翻③金粉④双飞。子规⑤啼月⑥小楼西，玉钩罗
幕，惆怅暮烟垂。

别巷寂寥⑦人散后，望残烟草低迷⑧。炉香闲袅⑨凤凰儿⑩，空持罗带，回首恨依依。

注释：

① 樱桃：初夏时结果实，古代有帝王以樱桃献宗庙的传统。

② 落尽：凋谢之意。

③ 翻：翻飞。

④ 金粉：妇女装饰用的铅粉，这里借指蝴蝶的翅膀。

⑤ 子规：杜鹃鸟的别名。

⑥ 啼月：指子规在夜里啼叫。

⑦ 寂寥：冷冷清清。

⑧ 低迷：模糊不清。

⑨ 闲袅：形容细长柔软的东西随风轻轻摆动，这里指香烟缭绕悠闲而缓慢上升的样子。

⑩ 凤凰儿：指绣有凤凰花饰的丝织品。这里指饰有凤凰图形的或制成凤凰形状的香炉。

## 5.《破阵子》

四十年①来家国，三千里地山河。凤阁②龙楼连霄汉③，玉树琼枝④作烟萝⑤，几曾识干戈⑥？

一旦归为臣虏，沈腰潘鬓⑦消磨。最是仓皇辞庙⑧日，教坊犹奏别离歌，垂泪⑨对宫娥。

注释：

① 四十年：南唐自建国至李煜作此词，为三十八年。此处四十年为概数。

② 凤阁：别作"凤阙"。凤阁龙楼指帝王的居所。

③ 霄汉：天河。

④ 玉树琼枝：别作"琼枝玉树"，形容树的美好。

⑤ 烟萝：形容树枝叶繁茂，如同笼罩着雾气。

⑥ 识干戈：经历战争。识，别作"惯"。干戈：武器，此处指代战争。

⑦ 沈腰潘鬓：沈指沈约，后用沈腰指代人日渐消瘦。潘指潘岳，后以潘鬓指代中年白发。

⑧ 辞庙：辞，离开。庙，宗庙，古代帝王供奉祖先牌位的地方。

⑨ 垂泪：别作"挥泪"。

## 6.《相见欢》

无言独上西楼，月如钩。寂寞梧桐深院锁清秋①。
剪②不断，理还乱，是离愁③。别是一般④滋味在心头。

注释：

① 锁清秋：深深被地秋色所笼罩。清秋，一作深秋。

② 剪：一作翦。

③ 离愁：指亡国之愁。

④ 别是一般：另有一种意味。别是，一作别有。

## 7.《浪淘沙令》

帘外雨潺潺①，春意阑珊②。罗衾③不耐④五更寒。梦里不知身是客⑤，一晌⑥贪欢⑦。

独自莫凭栏⑧，无限江山⑨。别时容易见时难。流水落花春去也，天上人间。

注释：

① 潺潺：形容雨声。

② 阑珊：衰残。一作"将阑"。

③ 罗衾：绸被子。

④ 不耐：受不了。

⑤ 身是客：指被拘汴京，形同囚徒。

⑥ 一晌：一会儿，片刻。一作"饷"。

⑦ 贪欢：指贪恋梦境中的欢乐。

⑧ 凭栏：靠着栏杆。

⑨ 江山：指南唐河山。

## 8.《虞美人》

春花秋月①何时了②，往事知多少。小楼昨夜又东风，故国③不堪回首月明中。

雕栏玉砌④应犹在，只是朱颜改⑤。问君⑥能⑦有几多⑧愁，恰似一江春水向东流。

注释：

① 春花秋月：指季节的更替。

② 了：了结，完结。

③ 故国：指南唐故都金陵（今南京）。

④ 雕栏玉砌：即雕花的栏杆和玉石砌成的台阶，这里泛指南唐宫殿。栏，一作"阑"。砌，台阶。

⑤ 朱颜改：指所怀念的人已衰老。

⑥ 君：作者自称。

⑦ 能：或作"都""那""还""却"。

⑧ 几多：多少。

## 柳 永 篇

### 1.《望海潮》

东南形胜，三吴都会①，钱塘自古繁华。烟柳②画桥③，风帘④翠幕⑤，参差⑥十万人家。云树⑦绕堤沙。怒涛卷霜雪⑧，天堑⑨无涯。市列珠玑⑩，户盈罗绮，竞豪奢。

重湖⑪叠巘⑫清嘉⑬。有三秋桂子，十里荷花。羌管⑭弄⑮晴，菱歌泛夜，嬉嬉钓叟莲娃。千骑拥高牙⑯。乘醉听箫鼓，吟赏烟霞⑰。异日图⑱将好景，归去凤池⑲夸。


注释：

① 三吴都会：三吴，即吴兴（今浙江省湖州市）、吴郡（今江苏省苏州市）、会稽（今浙江省绍兴市）三郡，在这里泛指今江苏南部和浙江的部分地区。

② 烟柳：雾气笼罩着的柳树。

③ 画桥：装饰华美的桥。

④ 风帘：挡风用的帘子。

⑤ 翠幕：青绿色的帷幕。

⑥ 参差：高低不齐的样子。

⑦ 云树：高耸入云的树。

⑧ 怒涛卷霜雪：又高又急的潮头冲过来，浪花像霜雪在滚动。

⑨ 天堑：天然沟壑，人间险阻。一般指长江，这里借指钱塘江。

⑩ 珠玑：珠是珍珠，玑是一种不圆的珠子。这里泛指珍贵的商品。

⑪ 重湖：以白堤为界，西湖分为里湖和外湖，所以也叫重湖。

⑫ 叠巘：层层叠叠的山峦。此处指西湖周围的山。

⑬ 清嘉：清秀佳丽。

⑭ 羌管：即羌笛，羌族之簧管乐器。这里泛指乐器。

⑮ 弄：吹奏。

⑯ 高牙：古代行军有牙旗在前引导，旗很高，故称"高牙"。这里指高官孙何。

⑰ 吟赏烟霞：歌咏和观赏湖光山色。烟霞，此处指山水林泉等自然景色。

⑱ 图：描绘。

⑲ 凤池：全称凤凰池，原指皇宫禁苑中的池沼。此处指朝廷。

## 2.《玉蝴蝶》

渐觉①芳郊②明媚③，夜来膏雨④，一洒尘埃。满目浅桃深杏⑤，露染风裁⑥。银塘静⑦、鱼鳞⑧簟展⑨，烟岫⑩翠、龟甲⑪屏开。殷晴雷⑫。云中鼓吹，游遍蓬莱。

徘徊。集旟⑬前后，三千珠履⑭，十二金钗。雅俗熙熙⑮，下车成宴尽春台。好雍容、东山妓女，堪笑傲、北海尊罍⑯。且追陪，凤池归去，那更重来。


注释：

① 渐觉：渐渐让人感觉到。

② 芳郊：京郊的景色。

③ 明媚：鲜妍悦目。

④ 膏雨：即春雨。古有谚语"春雨贵如油"，故称春雨为膏雨。膏，油脂。

⑤ 满目浅桃深杏：满眼都是浅色的桃花和深色的杏花。

⑥ 露染风裁：露水将它们染色，春风为它们裁衣。

⑦ 银塘静：银白色的水塘非常安静。

⑧ 鱼鳞：形容水波的形状好像鱼鳞一样。

⑨ 簟展：把卷着的竹席慢慢展开。簟：坐卧用的竹席。

⑩ 烟岫：指云雾缭绕的山峰。

⑪ 龟甲：指地面隆起的像龟背一样的丘陵。

⑫ 殷晴雷：指鼓乐声如雷声一样洪亮

⑬ 集旌：古代军队出征时举的旗帜。

⑭ 三千珠履：形容贵宾众多。

⑮ 雅俗熙熙：文雅之人和流俗之人相处的其乐融融，一切物态看上去都是那样美好。

⑯ 尊罍：酒器。

---

## 3.《鹤冲天》

黄金榜①上，偶失龙头望。明代暂遗贤②，如何向③？未遂风云④便，争不⑤恣⑥狂荡。何须论得丧⑦。才子词人，自是白衣卿相⑧。

烟花巷陌⑨，依约丹青屏障⑩。幸有意中人，堪⑪寻访。且恁⑫偎红倚翠，风流事，平生畅。青春都一饷⑬。忍把浮名⑭，换了浅斟低唱。

注释：

① 黄金榜：指录取进士的金字题名榜。

② 遗贤：抛弃了贤能之士，指自己为仕途所弃。

③ 如何向：向何处。

④ 风云：际会风云，指得到好的际遇。

⑤ 争不：怎不。

⑥ 恣：放纵，随心所欲。

⑦ 得丧：得失。

⑧ 白衣卿相：指自己才华出众，虽不入仕途，也如卿相一般尊贵。

⑨ 巷陌：指街巷。

⑩ 丹青屏障：彩绘的屏风。

⑪ 堪：能，可以。

⑫ 恁：如此。

⑬ 饷：片刻，极言青年时期的短暂。

⑭ 浮名：指功名。

## 4.《蝶恋花》

伫倚危楼①风细细，望极②春愁，黯黯③生天际④。草色烟光⑤残照里，无言谁会⑥凭阑⑦意。

拟把⑧疏狂⑨图一醉，对酒当⑩歌，强乐⑪还无味。衣带渐宽⑫终不悔，为伊消得⑬人憔悴。

注释：

① 伫倚危楼：长时间倚靠在高楼的栏杆上。伫，久立。危楼，高楼。

② 望极：极目远望。

③ 黯黯：心情沮丧忧愁。

④ 生天际：从遥远无边的天际升起。

⑤ 烟光：飘忽缭绕的云霭雾气。

⑥ 会：理解。

⑦ 阑：同"栏"。

⑧ 拟把：打算。

⑨ 疏狂：狂放不羁。

⑩ 当：与"对"意同。

⑪ 强乐：勉强欢笑。

⑫ 衣带渐宽：指人逐渐消瘦。

⑬ 消得：值得。

## 5.《雨霖铃》

寒蝉凄切①，对长亭②晚，骤雨③初歇。都门④帐饮⑤无绪⑥，留恋处，兰舟⑦催发。执手相看泪眼，竟无语凝噎⑧。念去去⑨，千里烟波，暮霭⑩沉沉⑪楚天⑫阔⑬。

多情自古伤离别，更那堪冷落清秋节！今宵⑭酒醒何处？杨柳岸，晓风残月。此去经年⑮，应是良辰好景虚设。便纵⑯有千种风情⑰，更与何人说？


注释：

① 凄切：凄凉急促。

② 长亭：古代在交通要道边每隔十里修建一座长亭供行人休息，又称"十里长亭"。靠近城市的长亭往往是古人送别的地方。

③ 骤雨：急猛的阵雨。

④ 都门：国都之门。这里代指北宋的首都汴京（今河南开封）。

⑤ 帐饮：在郊外设帐饯行。

⑥ 无绪：没有情绪。

⑦ 兰舟：古代传说鲁班曾刻木兰树为舟。这里用作对船的美称。

⑧ 凝噎：喉咙哽塞，欲语不出的样子。

⑨ 去去：重复"去"字，表示行程遥远。

⑩ 暮霭：傍晚的云雾。

⑪ 沉沉：深厚的样子。

⑫ 楚天：指南方楚地的天空。

⑬ 暮霭沉沉楚天阔：傍晚的云雾笼罩着南天，深厚广阔，不知尽头。

⑭ 今宵：今夜。

⑮ 经年：年复一年。

⑯ 纵：即使。

⑰ 风情：情意。

## 6.《八声甘州》

对潇潇①暮雨洒江天，一番洗清秋②。渐霜风凄紧③，关河冷落，残照当楼。是处红衰翠减④，苒苒⑤物华休。惟有长江水，无语东流。

不忍登高临远，望故乡渺邈⑥，归思难收。叹年来踪迹，何事苦淹留⑦。想佳人妆楼颙望⑧，误几回、天际识归舟⑨。争⑩知我，倚栏杆处，正恁⑪凝愁⑫！

注释：

① 潇潇：风雨之声。

② 一番洗清秋：一番风雨，洗出一个凄清的秋天。

③ 霜风凄紧：秋风凄凉紧迫。霜风，秋风。凄紧，一作"凄惨"。

④ 是处红衰翠减：到处花草凋零。是处，到处。红、翠，指代花草树木。

⑤ 苒苒：渐渐。

⑥ 渺邈：遥远。

⑦ 淹留：久留。

⑧ 颙望：抬头远望。

⑨ 误几回、天际识归舟：多少次错把远处驶来的船当作心上人回家的船。

⑩ 争：怎。

⑪ 恁：如此。

⑫ 凝愁：忧愁凝结不解。

## 7.《柳初新》

东郊①向晓②星杓③亚。报帝里、春来也。柳抬烟眼④，花匀⑤露脸⑥，渐觉绿娇红姹。妆点层台芳榭⑦。运神功⑧、丹青无价⑨。

别有尧阶⑩试⑪罢。新郎君⑫、成行⑬如画。杏园⑭风细，桃花浪暖，竞喜⑮羽迁⑯鳞化⑰。遍九陌⑱、相将⑲游冶⑳。骤㉑香尘㉒、宝鞍骄马㉓。

注释：

① 东郊：京城东面的郊野。

② 向晓：天将要亮的时候。

③ 星杓：指北斗星似勺柄的由玉衡、开阳、摇光三星所组成的那部分。

④ 烟眼：烟雾笼罩着柳树刚吐出的鹅黄色嫩芽。眼，指柳树发芽之处的芽眼。

⑤ 花匀：本指女子往脸上均匀地搽抹胭脂，此处指称花朵有如女人匀脸一样。

⑥ 露脸：指花瓣上沾满了露水。露，早上的露水。

⑦ 层台芳榭：高大而美丽的台榭。榭，建筑在高台之上类似凉亭的敞屋。

⑧ 神功：即"神工"，指大自然的创造力。

⑨ 丹青无价：指大自然创造出春天这幅无价的美丽图画。丹青，指图画。

⑩ 尧阶：宋代皇宫里朝堂的台阶。此处指代当时的皇帝。

⑪ 试：殿试。举子经过笔试考中之后，还要经过皇帝的面试，称为殿试。

⑫ 新郎君：新考中的进士，唐宋之时称新考中进士的人为新郎君。

⑬ 成行：指排列整齐。

⑭ 杏园：此处以杏园指代宋朝的御用园林琼林苑。

⑮ 竞喜：指杏园内的微风和桃浪都很高兴欢喜，是拟人写法。

⑯ 羽迁：本指人修道成仙，飞升天宫，此处指新进士由平民百姓而成为有功名的人。

⑰ 鳞化：本指鱼跃龙门而成龙，此处亦指新进士由平民百姓一跃成为有功名的人。

⑱ 遍九陌：京城里的所有街道。九陌，汉长安街中有八街九陌，后来便用九陌指京城大道。

⑲ 相将：相互结伴。

⑳ 游冶：出游寻乐。

㉑ 骤：马奔驰。

㉒ 香尘：芳香的尘土。

㉓ 宝鞍骄马：指装饰豪华的骏马。

## 8.《满江红》

暮雨初收，长川静①、征帆②夜落。临岛屿、蓼烟③疏淡，苇风④萧索⑤。几许⑥渔人飞短艇⑦，尽载灯火归村落。遣⑧行客⑨、当此念回程⑩，伤漂泊。

桐江⑪好，烟漠漠⑫。波似染，山如削。绕严陵滩畔，鹭飞鱼跃。游宦⑬区区成底事⑭，平生况有云泉约⑮。归去来⑯、一曲仲宣⑰吟，从军乐⑱。

注释：

① 长川静：长河一片平静。川，指江河。

② 征帆：远行船上之帆。

③ 蓼烟：笼罩着蓼草的烟雾。蓼，水蓼，一种生长在水边的植物。

④ 苇风：吹拂芦苇的风。

⑤ 萧索：象声词，形容风声。

⑥ 几许：有几个。

⑦ 短艇：轻快的小艇。

⑧ 遣：使，令。

⑨ 行客：词人自谓。

⑩ 回程：回家的路程。

⑪ 桐江：钱塘江流经桐庐县的一段。

⑫ 漠漠：弥漫的样子。

⑬ 游宦：春秋战国时期，人离开本国至他国谋求官职，谓之游宦，后泛指为当官而到处飘荡。

⑭ 底事：何事。

⑮ 云泉约：与美丽的景色相约，引申为归隐山林之意。云泉，泛指美丽的景色。

⑯ 归去来：赶紧回去吧。

⑰ 仲宣：三国时王粲的字。后为曹操所重。

⑱ 从军乐：即《从军行》。

## 范仲淹篇

### 1.《渔家傲》

塞①下秋来风景异，衡阳雁去②无留意。四面边声③连角起，千嶂④里，长烟落日孤城闭。

浊酒一杯家万里，燕然未勒⑤归无计。羌管⑥悠悠⑦霜满地，人不寐⑧，将军白发征夫⑨泪。

注释：

① 塞：边界要塞之地，这里指西北边疆。

② 衡阳雁去：传说秋天北雁南飞，至湖南衡阳回雁峰而止，不再南飞。

③ 边声：边塞特有的声音，如大风、号角、羌笛、马啸的声音。

④ 千嶂：绵延而峻峭的山峰，崇山峻岭。

⑤ 燕然未勒：指战事未平，功名未立。

⑥ 羌管：即羌笛，出自古代西部羌族的一种乐器。

⑦ 悠悠：形容声音飘忽不定。

⑧ 寐：睡，不寐就是睡不着。

⑨ 征夫：出征的将士。

### 2.《苏幕遮》

碧云天，黄叶地，秋色连波，波上寒烟翠①。山映斜阳天接水，芳草②无情，更在斜阳外。

黯乡魂③，追旅思④，夜夜除非，好梦留人睡。明月楼高休独倚，酒入愁肠，化作相思泪。

注释：

① 波上寒烟翠：江波之上笼罩着一层翠色的寒烟。烟本呈白色，因其上连碧天，下接绿波，远望即与碧天同色，正所谓"秋水共长天一色"。

② 芳草：常暗指故乡。

③ 黯乡魂：因思念家乡而黯然伤神。黯，形容心情忧郁。乡魂，即思乡的情思。

④ 追旅思：撇不开羁旅的愁思。追，追随，这里有缠住不放的意思。旅思，旅居在外的愁思。思，心绪，情怀。

## 晏殊晏几道篇

### 1.《蝶恋花》

槛①菊愁烟兰泣露，罗幕②轻寒，燕子双飞去。明月不谙③离恨苦，斜光到晓穿朱户④。

昨夜西风凋⑤碧树⑥，独上高楼，望尽天涯路。欲寄彩笺⑦兼尺素⑧，山长水阔知何处。

注释：

① 槛：古建筑常于轩斋四面房基之上围以木栏，上承屋角，下临阶砌，谓之槛。至于楼台水榭，亦多是槛栏修建之所。

② 罗幕：丝罗的帷幕，富贵人家所用。

③ 不谙：不了解，没有经验。谙，熟悉，精通。

④ 朱户：犹言朱门，指大户人家。

⑤ 凋：衰落。

⑥ 碧树：绿树。

⑦ 彩笺：彩色的信笺。

⑧ 尺素：书信的代称。古人写信用素绢，通常长约一尺，故称尺素。

### 2.《浣溪沙》

一曲①新词酒一杯，去年天气旧亭台②。夕阳西下几时回？

无可奈何花落去，似曾相识③燕归来。小园香径④独⑤徘徊⑥。

注释：

① 一曲：一首。因为词是配合音乐唱的，故称"曲"。

② 去年天气旧亭台：指天气、亭台都和去年一样。

③ 似曾相识：形容见过的事物再度出现。后用作成语，即出自晏殊此句。

④ 小园香径：花草芳香的小径，或指落花散香的小径。因落花满径，幽香四溢，故云香径。

⑤ 独：独自。

⑥ 徘徊：来回走。

---

## 3.《破阵子》

燕子来时新社<sup>①</sup>，梨花落后清明。池上碧苔<sup>②</sup>三四点，叶底黄鹂一两声。日长飞絮<sup>③</sup>轻。

巧笑<sup>④</sup>东邻女伴，采桑径里逢迎<sup>⑤</sup>。疑怪<sup>⑥</sup>昨宵春梦好，元是今朝斗草<sup>⑦</sup>赢。笑从双脸<sup>⑧</sup>生。

注释：

① 新社：社日是古代祭土地神的日子，以祈丰收，有春秋两社。新社即春社，时间在立春后、清明前。

② 碧苔：碧绿色的苔草。

③ 飞絮：飘荡着的柳絮。

④ 巧笑：形容少女美好的笑容。

⑤ 逢迎：碰头，相逢。

⑥ 疑怪：诧异、奇怪。这里是"怪不得"的意思。

⑦ 斗草：古代春夏间的一种游戏。宋代在春社、清明之际已开始斗草。

⑧ 双脸：指脸颊。

## 4.《临江仙》

斗草阶前初见，穿针①楼上曾逢。罗裙香露玉钗风②。靓③妆眉沁绿④，羞脸粉生红。

流水便随春远，行云终与谁同。酒醒长恨锦屏⑤空。相寻梦里路，飞雨⑥落花中。

注释：

① 穿针：指七月七日乞巧节。

② 玉钗风：指女子头上的玉钗在风中抖动。

③ 靓（jìng）妆：浓丽的打扮。

④ 眉沁绿：黛石描眉所显现的青绿色。

⑤ 锦屏：内室的屏风，此处指内寝。

⑥ 飞雨：微雨。

## 5.《南乡子》

新月又如眉①，长笛谁教月下吹？楼倚暮云初见雁，南飞②。漫道行人雁后归。

意欲梦佳期，梦里关山路不知。却待短书来破恨，应迟。还是凉生玉枕时。③

注释：

① 如眉：指月钩弯如眉状。

② 南飞：雁为候鸟，每年春分后往北飞，秋分后飞回南方。

③ 下阕：想在梦中体会相会的美好，可是山重重，路迢迢，却向何处寻！只

能等待远方的书信来纾解心中的离愁别恨，可是却迟迟收不到。一梦惊醒，唯有单调的玉枕与刺骨的凉意。

## 6.《临江仙》

梦后楼台高锁，酒醒帘幕低垂。去年春恨却来①时。落花人独立，微雨燕双飞。

记得小苹初见，两重心字罗衣②。琵琶弦上说相思。当时明月在，曾照彩云③归。

注释：

① 却来：又来，再来。

② 心字罗衣：具体意思不详。可理解为一种样式很美或香气很浓因而使人难于忘怀的衣服。

③ 彩云：比喻美人。

## 7.《长相思》

长相思，长相思。若问相思甚了期①，除非相见时。

长相思，长相思。欲把相思说似②谁，浅情人③不知。

注释：

① 甚了期：何时才是了结的时候。

② 似：给予。

③ 浅情人：薄情人。

图书在版编目（CIP）数据

哈哈哈！如果大宋词人有朋友圈. 范仲淹和他的朋友
们 / 诗意文化编；魏无忌，叶寒著. — 南京：江苏凤
凰文艺出版社，2023.6
ISBN 978-7-5594-7354-7

Ⅰ.①哈… Ⅱ.①诗… ②魏… ③叶… Ⅲ.①范仲淹
（989-1052）-生平事迹-通俗读物 Ⅳ.① K825.6-49

中国国家版本馆 CIP 数据核字 (2023) 第 013722 号

# 哈哈哈！如果大宋词人有朋友圈.
# 范仲淹和他的朋友们

诗意文化 编　　魏无忌　叶寒　著

责任编辑　　周颖若

特约编辑　　孙恩枫　尹晨钰

装帧设计　　后声文化

出版发行　　江苏凤凰文艺出版社
　　　　　　南京市中央路 165 号，邮编：210009

网　　址　　http://www.jswenyi.com

印　　刷　　北京世纪恒宇印刷有限公司

开　　本　　880×1230 毫米 1/32

印　　张　　15.875

字　　数　　270 千字

版　　次　　2023 年 6 月第 1 版　2023 年 6 月第 1 次印刷

书　　号　　ISBN 978 - 7 - 5594 - 7354 - 7

定　　价　　117.00 元（全三册）

江苏凤凰文艺版图书凡印刷、装订错误可随时向承印厂调换